# ALL THE NEW

# INNOVATIONS OF THE 20th CENTURY

Da usare 21/01/11 ##

Tutte le innovazioni del 20th secolo, che creò gli ingegnosi, per farci tutti ricchi.

# Salvatore Montalbano

## La storia vera di un Immigrante

# LA MARTORIATA Vita

La mia Famiglia >>>

## PREFAZIONE

L'idea di questo libro è nata dalla voglia di far conoscere le difficoltà e i sacrifici della vita di un emigrato. All'interno troverete descritti la mia vita e gli usi e costumi della società siciliana e in particolare quella.

Ciancianese dagli inizi del novecento.

La difficoltà è stata quella di rendere il tutto in una lingua di cui non ho padronanza. Ho dovuto imparare non solo la lingua ma come operare un PC, E nella mia Età tutto si fa duro, che la memoria non ti vuole sentire più e piena, anche questa una sfida, il mio motto nulla e impossibile.

Mi scuso per i termini gergali e per le ripetizioni ridondanti che nel corso della lettura, potreste incontrare poiché il mio grado d'istruzione elementare non mi permette di spaziare dovutamente con il linguaggio. La comunicazione, dunque è quella propria di un "siculo" che è emigrato in tenera età, e che si ritrova con un bagaglio culturale e linguistico non ben delineato che alterna termini siciliani a termini italo-inglesi.

Ma, la voglia di divulgare la mia autobiografia è stata tale da superare anche queste difficoltà.

Vi auguro una buona lettura e un buon viaggio.

*Salvatore Montalbano.*

To order addition copies of this book,  contact: Salvo
Montalbano at N4 St john's street, Aylesbury Bucks Hp 20 1bs.
Phone n 0044-[0]1296-483205-
E/mail...salvmontalbano@hotmail.com

## Capitolo Uno

## La storia vera di un  Siciliano Immigrante

# ‹LA MARTORIATA VITA›

## Un uomo anziano,

Di settanta otto anni piacerà raccontare in persona, tutta la sua storia della sua vita, E tutte le innovazioni che vidi nel 20sm secolo.

Tutto incomincia, da quando era un bambino, Nato e vissuto in un paese provinciale dalla Sicilia, E poi immigrato, inun altro paese  Europeo in England.

Lui ha visto quasi tutte le Innovazioni del 20simo Secolo; Che vide, soffrì e sperimentò di persona la crudeltà e la tortura di quegli anni d'infanzia, con astri bambini di soli più di cinque anni di Età.

Tutto questo dolore era creato dai propri genitori, che usavano i loro bambini come se fossero adulti. Sfruttavano al massimo le forze dei propri figli, forse forzati dal bisogno di sopravvivenza di tutti.

Mandavano i loro figli nelle miniere, a trasportare lo zolfo grezzo estratto dalle montagne sotto suolo, forse a cento metri di profondità. I bambini (chiamati CARUSI) li usavano come trasporto.

Un sacco di tela o di lana fortissima, a secondo l'età avevano la misura, lo riempiva di zolfo grezzo e lo

CARICAVANO sulle spalle dei bambini e talvolta solo un poco più di cinque anni di età, a gruppi di tre carusi, di corsa erano trasportato sulla schiena a volte per Kilometri a salire o a scendere in un luogo cosi chiamato, poi con un vagone portato fuori alla fornace per entrare il vero zolfo.

Questo luogo comunicava con tante direzione dentro la miniera, nelle viscere sotto suolo, lì arrivavano tutti questi bambini {Carusi} finiva un viaggio di trasporto, o meglio  la tortura, di un solo viaggio della giornata dove ne dovevano fare tante decine al giorno, pieni di pianto, di dolore, di sofferenza, con questo peso sulla schiena per circa 10/15 minuti di corsa e si fermavano in un apposito posto di riposo per alcuni secondi, riprendeva il viaggio, di nuovo un corto riposo di tante volte secondo quando era lungo il viaggio  si ci arrivava a pezzi tutti piccoli e grandi, gridavano e piangevano tutti di dolore e di tortura in un solo viaggio concluso,

Pensate un momento 10-15 o venti tutti dopo una lunga corsa di viaggio arrivavano nello stesso tempo su un loco, di un viaggio compiuto, stanchi, dolorante e tutti a pezzi, un grido, lamento struggente si sentiva: " AAA a pezzi" solo un grido per liberarsi di quel peso dolorante che portava sulla schiena, era una vera e propria tortura.

Queste erano le usanze e il modo di trasportare lo zolfo nelle minieri in Sicilia  per tre Millenni fino alla metà del 20sc usavano i loro figli  per il trasporto dello zolfo,‹L' oro giallo› per i commercianti Inglesi che controllavano il mercato, e avevano il monopolio in quell' era, loro si arricchivano  tutti, e i

Zolfatari morivano di fame, solo per la sopravivenza delle loro famiglie.

La Sicilia era la sola fonte di zolfo nel mondo di più di tre mila anni fino al 1950. Vi erano più di 700 piccole miniere, tutti indipendenti, con una forza di più di venticinque 000 zolfatari, con bambine tutta la parentela della famiglia tutti soci, nella miniera, guadagnano poco e pagati a miseria.

Dai monopolisti inglesi e americani, la condizione economica di tutti gli zolfatari erano misere, vivevano e lavoravano in condizioni disastrose, tanti morivano o rimanevano disabili per la vita, forse era questo che forzava ai padri di portare i loro bambini a lavorare con loro per la sopravvivenza della famiglia; di questi bambini (Carusi) ve ne erano a migliaia in tutta l'isola in particolare nel mio Paese in quella era, da piccoli alla miniera. Erano tutti con le menti "dormienti ".

Erano completamente illetterati, e con la loro totale ignoranza, usavano i bambini come se fossero schiavi: Davvero erano <PADRI E padroni.

Noi bambini tutti eravamo un po' di più di essere schiavi. Questo era il modo di vivere, per molti tanti sfortunati bambini come me nel 20sm secolo.

Questa era l'usanza di quasi tutti genitori. Forse erano forzati dal proprio bisogno di sfamare. In un Mondo senza futuro, pieno d'illetterati, con le" menti ignoranti" e nulla da sperare.

Ma' mi domando, se sapevano il valore e cosa serviva lo zolfo, indispensabile per più di quaranta materie per produrle, senza lo zolfo non si può produrre, ne annoto alcuni; fertilizzanti, sapone, carta, batterie, inchiostro, piombo, matite, cellulosi, lattine, zinco, ferro, carvenizato, ceramica, medicine, gomma, dinamite, polvere da sparo, ceramica gasolina, ecc, ecc.

E poi molto ricercato nelle guerre, <L' oro giallo> per il commerciante Inglesi che controllava il mercato, e aveva il monopolio Europeo in quella era, facevano morire di fame i minatori e loro prosperavano nel mondo, questa era la scuola che loro aveva lo zolfataro no.

## Ora Vi racconto la mia storia

Spero la troverete interessante, c'e sempre qualcosa da imparare, almeno spero. Vi prego leggetela non avete nulla da perdere. Magari per curiosità, dal fatto noi tutti abbiamo sofferto tanto.

Sono Nato da una famiglia Siciliana povera. Allora una larga, cosa comune mondiale forse.

Da bambino, un po' più di un anno, incomincia a camminare e capire che i miei problemi incominciarono arrivare. Erano sempre lì in un angolo ad aspettarmi, da piccolo vidi sofferenza, vidi la brutalità, pensavo allora ma capii dopo che mi volevano bene ma erano i tempi tristi, duri per tutti, pensandoci bene, soffrivano come me per sopravvivere.

Andare avanti, erano tempi duri per tutti. A ventuno anni emigrai dalla Sicilia, per dare un taglio a tutto il mio passato e cominciare tutto da capo, una nuova vita.

Serena prosperosa ma chi lo sa. Sono scappato via, da una vita martoriata, tutti i giorni erano un incubo, giorno e notte quasi. Le arroganze, le ingiustizie che ho ricevuto dai miei genitori, nella mia infanzia, sono rimasti con me, nella mia vita.

Io ancora porto la cicatrice con me dove vado.
Ho avuto genitori illetterati, questo creava ignoranza, e li faceva vivere con le menti dormienti.

I loro bambini erano usati per aiutare a tirare avanti la famiglia, per la sopravvivenza si può dire. A tanti bambini generavano dolore e sofferenza per aiutare i genitori.

Ora Dopo un duro e lungo lavoro, sacrifici da me e tutta la mia famiglia, fisicamente ed economicamente sta bene, non realmente ricchi ma benestanti.

Se vogliamo andare da qualche parte, comprare qualcosa, farci un capriccio lo possiamo fare senza problemi ho piantato bene i semi ed ora raccolgo i frutti.

Grazie alle lezioni che ho ereditato dai miei genitori , mio padre, mia madre, mia nonna Croce e mia zia Filippa.

Avevano un forno per il pane e tutti lavoravamo dalle sei di mattina alle 7-8 di sera a volte, tutti i santi giorni estate e inverno, tutti gli anni,   per dare un pezzo di pane ai loro  figli per la sopravvivenza di tutti.

Mia madre non si è divertita mai, non aveva mai tempo per accarezzarmi, baciarmi, sempre rossa e sudata, solo ricordo che mi puliva il naso con il suo grembiulino [ fasdale]. Nessun tempo per le coccole  per nessuno. . Per questo non abbiamo mai sofferto la fame persino durante la guerra, quando milioni di bambini e persone morivano di fame per un po' di pane.

## IL 20^{TH} SECOLO CAMBIA TUTTO

L'analfabeta è sparito; la mente della gente si è svegliata, e venuta a vita la scuola, per tutti i bambini. L'ignoranza è sparita. Gli uomini si sono istruiti!  La mente dormiente si svegliò.

Con la rivo'Ingegnosi e ci fecero diventare tutti ricchi.

## IL MONDO Che CAMBIA Ogni, GIORNO.

La prima rivoluzione Industriale.
Io vide tutti i cambiamenti del secolo, e tutti i suoi progressi.

Adesso un mondo, pieno di benessere e di tecnologia in tutto.

Tutto arrivò come un sogno. Macchine di ogni genere, gli elettrodomestici per la casa, cambiarono la vita a tutti.

Nell'industria nella medicina, nell'agricoltura, nella pesca, facilitarono a tutti il modo di viaggiare, e di comunicare facilitò la nostra vita giornaliera. Tutto cambiò in poco tempo era come un sogno per tutti.

Arriva l'elettricità, poi la lampadina elettrica e finì il buio, per la prima volta si videro le facce di sera, e cosi mandarono in pensione le candele.

## ‹Un pensierino per tutti›

Che cosa creò la corrente Elettrica.

Ci hanno fatto tutti ricchi, grazie agli Ingegnosi che la inventarono, cambiarono e migliorarono la vita di tutti Noi.

Questo capitò a me e può capitare a tutti. Un [ break out,] la seconda volta in 55 anni, che abito qui non capita quasi mai, ma la corrente mancò per tre giorni, io stava uscendo matto quasi senza luce; in una pettegola giornata inglese buia, piovente piano, piano le 7 Am dal mio letto guardo tutte le notizie News.

Ogni mattino. Non c'era luce ,niente TV, ci alzammo mia moglie ed Io al buio non vedevi bene come ti vestivi, Aprii le tende, fuori pioveva e buio ancora, arrivo in cucina, al buio non vede nulla quasi, niente riscaldamento, non puoi fare il caffè, non puoi bollire un uovo, no un toast, buio dappertutto, le 8-30 di mattina, mia moglie trova delle candele un vero caso che li aveva in casa, qui non servono c'è sempre la corrente, mia moglie, prepara qualcosa a tavola, pronti per mangiare a luce di candela, ci siamo messi a ridere sperando che arrivava la corrente per far il caffè, le dieci e mezzo non c'è luce

Ancora, prendo il libro telefonico, c'erano tutti i numeri di emergenza ma non quello della luce locale,non va via mai, avranno pensato non serve. Guardo fuori non c'è corrente, per nessuno fuori.

Vado per telefonare, la centralina spenta non si può telefonare a nessuno. Pensai il vecchio telefono, va bene senza corrente lo teneva per antichità, ma è servito a metterci in contatto con tutti, i figli e il mondo. Telefono al provveditore che fornisce la corrente da tre ore non c'è luce qui che è successo, non lo sa e mi danno un numero per avvisare il responsabile, rispondono. Qui non c'è luce in tutta la strada è buia, ma vicino a tutti i negozi lavoravano normale con la luce strano due strade tutte due al buio. La rete della corrente

Elettrica Inglese e tutta si porta dentro le strade, come tutti i fili telefonici, e cavo TV, tutti sono dentro dei tubi interrati e ognuno ha il suo tombino per controllare che succede, all'una Pm la strada e piena di macchine e scavatrici delle compagnie elettriche.

Piovendo una fase dei tre conduttori elettrici e andati in corto, e fanno saltare i fusi di protezione ogni volta che le attacca, per tre giorni quasi senza luce totale buia per tutti hanno smantellato tutte e due le strade senza poter trovare dove era il corto circuito. E noi tutti al buio, pieni di freddo, mangiare al buio con 5 candele  accesi appena vedevi il piatto, ma non quello che c'era dentro, non avevamo più nulla in frigo,

Tv, telefono riscaldamento, buio totale, senza notizie e a letto alle ore otto, fino alle ore 9 Am, 13 Ore a letto per il freddo, tutti i miei figli ci volevano portare a casa loro ma noi determinati a restare a casa nostra e ricordare  quello che già avevamo visto e passato quando eravamo piccoli non potevamo andare fuori che pioveva sempre ma credetemi io stava diventando pazzo, senza TV, stare al buio, non poter leggere o uscire per il freddo, non finiva mai, una cosa orribile e già vista prima,come fareste voi che non l' avete mai vista, o provate, pensateci un po' sul serio.

La corrente non è una ricchezza forse per tutti noi pensateci.

## ArrivArono i treni

Per pura coincidenza un inglese mentre si faceva il suo famoso[Te ] mentre l'acqua bolliva vide che il coperchio si muoveva, lì c'era energia. Ecco il treno a vapore, prima alimentati a legna, poi a carbone, poi a diesel e infine elettrico. E non sarà lontano, dall'energia Solare.

## Arriva il codice Morse,

Il telefono telegrafico, usavano tutti puntini e linee per trasmettere il famoso telegramma.

Era un vero mare in moto, per mandare una notizia. Prima, quando arrivava un telegramma, tutto il quartiere correva incuriosita aspettandosi di sentire buone o brutte notizie.

## Poi arriva la bicicletta

Pedali invece, di camminare,

## La carrozza senza cavalli, l'automobile

Un motore muove, una vera carrozza, la carrozza senza cavalli, [ lauto care] una vera novità del l'era

E s'incomincia a viaggiare.

Poi il motorino, la motocicletta, la vespa, la lambretta, l'ape, le tre ruote famose per il trasporto economico in tutte le parte del mondo ancora specie in Cina.

Arriva la famosa, [cinquecento], cambiò la vita degli Italiani.

Scoprono il mare, le spiagge, i paesi vicini, le città arrivano, il bum di viaggiare delle vacanze, di poter, fare picnic in campagna in montagna, ecc.

## Poi lA fotografia,

Una persona aveva una scatola sorretta da tre piedi, si metteva una coperta sulla testa, per produrre la luce per fare la foto.

## Il cinema portabile.

20 foto circa erano dentro una scatola con tre piedi l'operatore girava una manovella, il pubblico una alla volta vedeva il filmino delle foto a pagamento.

Questo diede inizio al cinema muto, la macchina fotografica e la televisione nel terzo decimo trentotto, la guerra ferma tutto per riprendere nel 48 la nuova era televisiva che abbiamo oggi. Arriva il cinema muto, poi parlante, in bianco e nero, poi a colori.

Arriva la radio. La televisione, da analogica bianca e nera, a colori dopo vent'anni e poi al Digitale, che davvero creò i colori veri. alla realtà delle immagini, quasi meglio del reale. Adesso dopo più di venti Anni di studio è arrivata l'alta definizione ma ancora la sperimenta.

I computer, il telefono e i telefonini cambiarono la nostra vita.

## ArrivAll'aeroplano.

Negli anni 1920/30 l'uomo incomincia a volare.

Si realizza il suo sogno di volare nell'aria come un uccello, arrivano i primi aeroplani quando passavano, facevano un rumore mai sentito prima un rumore che passa sopra di te, era una novità, tutta la gente correva fuori per vederlo, a scuola tutti noi bambini appena sentivamo il rumore correvamo verso la finestra per vedere l'aereo,30 40 bambini su una finestra era impossibile vedere tutti.

Una volta a scuola passò un aereo, io ero ultimo non potevo vedere un amico mio si piegò con la schiena io salii prima su di lui poi sopra tutti gli altri camminavo sopra le teste dei bambini per vedere pure io, qualcuno si abbassò, io per non andare a terra mi acchiappai a una metà della finestra aperta, la cerniera si era infradiciati, la finestra due metri alti e molto pesante con il vetro si stacca dal telaio io sotto di essa, tutti andammo a terra e la finestra va ha colpire il maestro che scriveva alla  lavagna lo prese in testa e lui svenne, chiamarono aiuto, vennero tutti direttore,  bidelli,dottori, per punizione mi misero due giorni in ginocchio  vicino alla lavagna   per vedere l' aereo.

Gli aerei ridussero le distanze, unirono il mondo intero, fecero di tutti i continenti del pianeta terra, paesi vicini. Il sogno dell'uomo di volare con le ali era compiuto, si volava da tutte le parti, bastava un motore poi un[ b]motore, a tre e a quattro motori, a reazione e a super sonici, se ci pensiamo un po', tutto arrivò in pochi anni. Si arrivò fino alla luna.

Su quest'ultimo ci sono dubbi ma così ci fecero credere allora nel 1968/70.

## Arriva la musica, con la pianola

Un piano con le ruote che va per tutte le vie della città.

Le note erano prodotte da tanti buchi incisi in un foglio di cartone, tutta, le pagine forma la canzone, e poi legati tutti assieme a concertina formano tutte le canzoni.

L'Operatore spingeva il piano e girava una manovella, per produrre la

musica della canzone. Tante persone lo attorniavano per sentire la musica, la canzone chiesta o la canzone che non aveva mai sentito, per ascoltarla si doveva pagava.

Prima tutta la musica e le nuove canzoni, erano portati al pubblico nelle città, e nei paesi da un canta canzone. Il cantante, la cantava a tutta l'udienza lui era circondato da tutti per sentire e imparare la nuova canzone. Un very show of the Day.]

# Il grammofono [La macchina parlante

Su questo ho una storia personale da raccontare più avanti.

Il grammofono è una scatola 30x30 circa con un disco, azionato da una molla  avvolgente da una manovella la carica la molla e fa girare il disco un po' pesante  messo aggirare, gira, come un volano di un motore [forza centrifuga] con un altro di disco di [vynal] inciso con la musica, un braccio attaccato alla grammofono ma molto  leggero da una molla e movibile che contiene un diaframma  una lastra di alluminio finissima e collocato a una puntina, tutte  le vibrazione vengono riprodotte  e amplificate  fatte uscire da una campana che produce l'audio,

E' arrivata la musica a tutti in  casa,era una vera novità dell'era. Il primo disco parlante era un impasto di [vynal ] era pesante e fragile, di dieci pollici, poi arrivano altri materiali e uscirono i sette pollici con due, tre o più canzoni o pezzi di opera, tutto in un solo disco e leggerissimo di meno di un terzo, poi ancora il[ 33 giri] un disco da dodici pollici molto leggero meno della meta del primo, del vinyl, incidevano fino a una dozzina di canzoni o pezzi di musica.

Dopo arriva il multi play record sei fino ad otto dischi,infilati uno sopra altro in un asse , fissato al centro del disco volano,una alla volta scendeva e suonava. L'asse era uguale al buco del disco, quando il disco finiva di suonare il braccio azionava una serie di molle e azionava  la linguetta che teneva in alto i dischi, azionata entra dentro il proprio asse e un solo disco scendeva e andava sopra quello già finito,e di nuovo, pronto  per suonare poi era lo stesso per tutti il resto.

Si arrivava a produrre musica per alcuni ore senza che nessuno toccava nulla, questo era il 1965.

# La storia della musica non finisce mai

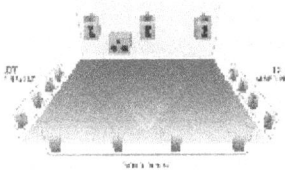

Poetess chi amare [the never ending story]

Per produrla di sicuro ha fatto a tanti venire il dolore in testa.

Per anni, dopo il piano, e la pianola, per musica s'intendeva come musica del l'opera ,Poi arrivo la musica leggera, quella cantato da cantanti,  con l'arrivò della

Radio, arrivò la musica sonora quella che esce da un alto parlante <speaker>, E da allora decenni di duro lavoro degli ingegnosi ha portato a questa bellissima musica che udiamo adesso dalla Radio, tv, telefonini. Arriva il cinema muto, poi parlante, in bianco e nero, poi a colori.

Arriva la radio, la televisione, mangia dischi, memorie play e tanti modi. È da notare che la musica ci fa godere momenti belli, ci dà memorie, ci dà gioia, allegria, ci emoziona, dà spinta a farci muovere, a ballare,ti dà energia,ti fa rilassare e a volte pure fa dormire, a tanti è una cosa bellissima, come il pane si può dire, ci ha fatto rinascere tutti, ma mai nessuno ha dato un po' di gratitudine a chi ha dato lamina  per produrla.

Come sorge la musica, tante vibrazioni attivano una bobina dietro ad unalto parlante e produce la musica che noi tutti sentiamo dopo che avrai già a volte viaggiato migliaia di chilometri,nello spazio, viene capitata da una antenna, o una parabolica, piccolissimi segnali o impulsi vengono amplificate, fino allo scopo desiderato, poi sentiamo tutti noi la voce, la musica, ecc.

Come si è fatto ad arrivare a tutto questo, non è magia, e la tecnologia che ha fatto il miracolo del ventesimo secolo.
Io annoto qui alcune forme di audio formati sono tanti per annotarli tutti e capirle, diamo una piccola idea.

Da quando è arrivata, la trasmissione radio erano segnali che si trasmettevano nello spazio come onde sonore, tramite un'antenna trasmettente, mandava le onde nello spazio a un ponte a 30/40 kilometri lontano, le amplificava e li trasmetteva di nuovo fino alle antenne riceventi. Poi tutto era all'opposto si fa per riceverli.

Nei primi anni, l'audio si trasmetteva ad ampiezza modulata, poi a frequenza modulata, poi arrivo la televisione bianca e nera, il video si mescola con l'audio e trasmesso tramite un'antenna trasmettente, come accennato, dopo un lungo viaggio, le antenne riceventi lo ricapitano e lo riproducano di nuovo, video e audio. Chiamate anali otiche.

Tutto queste complicate cose, sono svolte e affidate agli apparecchi trasmettenti e riceventi, radio, TV, ecc, i trasmettenti, gli oscillatori riducono i segnali al minimo. Adesso con l'arrivo del satellite, sono impulsi digitali, trasmessi nello spazio a quarantacinque kilometri di altezza, è arrivata la televisione senza frontiera, solo impulsi niente più segnali, il ricevitore o il decoder forma il suono e l'immagine, se manca il segnale, il ricevitore con i dati già ricevuti prima continua a formare l'ultima immagine illividita per questo capita vedere ultima immagine ferma nello schermo.

Il satellite che è usato come il vecchio ponte trasmittente, la parabolica o l'antenna ricevente fanno posto, ricevuto il piccolo segnale o impulso, lo manda giù all'apparecchio ricevitore, lo amplifica e lo separano, dalla frequenza quella che sia, separati i segnali: audio o video, amplificati, vanno alla bobina dell'alto parlante audio, tutti i segnali fanno vibrare la campana di cartone dello speaker ed esce la voce o il suono.

Nel caso della TV il segnale video vanno amplificati e mandati al tubo catodico o schermo, i piccoli segnale fanno un puntino nero o una riga, bianca o grigio, o a colori rosso, verde o blu, questo forma il pennello elettronico come un matita che scrive su un foglio da sopra in giù pieno di eliche, questo è lo schermo catodico, da sinistra a destra il puntino forma una riga e tante righe riempiano lo schermo fino a 675 linee al secondo.

All'inizio diversi stendardi sono stati usati, ogni Nazione aveva il suo.

Adesso è universale. Lo schermo e bianco quando c'è segnale e nero quando non c'è segnale, il pennello che scrive e come un proiettore del cinema proietta l'immagine sullo schermo, tutte linee a puntini di densità scura o chiara mescolando i due si ha il grigio si forma immagine video, quello a colore ha tre pennelli: uno rosso, una blu, una verde si miscelano e fanno i colori ed esce immagine a colore.

Per primo l'audio era un solo canale mono, poi era necessario cambiare e arrivò lo stereo, due canali, una a destra e l'altro a sinistra sono migliorati tanto il suono di allora tanti tipi sono stati studiati e prodotti dalle case produttrici. Come normale dolby, prologic , dolby surround, dolby 3 stereo e tanti altri.

Poi la musica l'ha incisa in tante maniere e forme. Incominciarono, in un tamburo di metallo pio nel disco, vinely nel nastro magnetico, adesso nel software Ad, hard drive, memori ecc, nei registratori nel PC, nella Tv, nel telefonino e nella macchina digitale, nei chip di ogni genere.

Il primo telefono era una scatola di legno con una manovella per chiamare e campanello di sopra rotando la maniglia facevi il numero, un turn o due otri ecc per chiamare a secondo il numero ti rispondeva con un turno e parlavi, poi quello a gettoni, fino alcuni anni fa, dovevi comprare il gettone in un bar o negozio appuntati dal gestore.

Poi a numeri decimali, arrivano i telefoni cellulari, poi la nuova era è in possesso già quasi a tutti la nuova e la seconda generazione cellulare con internet, video, tv, radio recezione, poi con camera digitale ad alta definizione, poi riceve e mandano foto e messaggi alla fine del  mondo.

Alcuni con, ‹strada navigherebbe› ti parla e ti dice, dove andare e ti porta, dove vuoi senza bisogno di nessuno in una nuova era mai vista non a lungo, ci metteranno un chip in una mano sotto la pelle e sapranno tutto di te, chi sei. E tu avrai un vero ufficio con te, tutto quello che ti serve in un attimo, lo stanno studiand.

## La guerra che durò cinque anni

La guerra porta tanta distruzione fame e morte a tanti innocenti e dura cinque anni.

Sterminò tanti milioni d'innocenti, portò tanta miseria e morte a tanti bambini e persone. Due persone matte

Mussolini e Hitler ed altri compagni lunatici.

Per Noi Italiani tutto incominci in autunno 1939.

Mussolini si associa a Hitler e per noi Italiani tutti arrivo un Vero inferno, Porta torture omicidi, fame, miseria ci ridusse a tutti come animali, nelle campagne dovevi cercare solo la tua e famiglia sopra vivenza, per le proprie vite se ere fortunate.

Il popolo rimasto. Erano Donne vecchi, e bambini, eravamo tutti sbandate, sfollate, sfamate nuda senza meta. Nessuno sapeva Che cosa fare o dove andare.

Alla sera tutto buio. E poi i bombardamenti ti tenevano allerta tutte le notti, a non fare dormire a nessuno dovunque eri o ti trovavi nel paese, questi erano gli sporchi tedeschi.

IO Tutte le volte che vedo una tedesca angora mi viene il ribrezzo disumano dopo tutti questi anni.

Hitler & Mussolini e il Giappone I tre più terminal , Criminali nel mondo dell'Astoria Umana .loro anno ucciso più persone Da tutte le guerre messe assieme, dalla storia.   Senza le minime crupoli or coscienza Costantemente distrussero, in frantume ogni cosa., Case

Città,   Nazione,   fabbriche,lavoro,   ferrovie,   strade      ponti, popolazione intere e avvenire .E qua si tutto il popolo Arabo/ Giudeo, Ogni giorno milioni innocenti rimanevano da tutto morto.   La vita vi era torta ogni giorno per 5 lunghi anni.

Milione nel mondo la loro vita stata torta e distrutta per anni. Hitler e il suo combrotto rubarono tutto dall'Italia.

Tutto quello che cera Da mangiare grano vegetale vino, ci lasciò a dieta a tutti. Scomparivano tutte le belle cose se non erano distrutti. E quadri d'arte dei musei e chiese e tutti I tesori che trovavano partivano per la Germania. E non sono mai più trovate e mai ritornati. E tutto loro che cera l'Italia.

E fino con la forza fecero togliere dai diti a tutti la" fede" dal dito loro matrimonio   ci lasciarono solo gli occhi per piangere, ad angora eravamo legati di guerra torturavano e fucilavano a tutti,se stavi nelle vicinanza.   Tutti scappavano da tutto sia dai bombardamenti, e degli allegati e dai tedeschi.

E .Alla notte delle bombe ENGLESY EAMERICAN Una brutalità mai vista or sentita, si portava tutto le donne sparivano e poi travate morti dopo che i porgi tutti Si  servivano  veri maiale in tutto.

Una cosa disumana mai vista prima veri porci allegati per corpa di Mussolini.  Io angora Da piccolo ho tanti ricordi dai porchi? Nazzisti.

Un giorno Arrivano   Al mio paese una compagnia di tedeschi Fermano in una piazza davanti a una chiesa fa da mangiare.

Maccheroni con il salsa di pomidoro e carne con odore della pasta tutti i bambini delle paese eravamo li a guardare, mangiano di tutto fino il vino nostro quando finiscono tutto quello che li e rimasto lo buttarono nei bidoni della mortizza, tutti di noi bambini ore di aspettare pensavamo che la passero a noi, ma la buttano e vanno via, appena loro si allontanano dai bidoni tutti Noi pampini con la fame corremmo per i bidone di ricavare qualcosa, arrivano due torchi soldati tedeschi No,

NO Italiano caput non mangiare via e ci presero a pedate a tutti, via bastardi diceva forse ero il più grande forse circa sette anni tutti cantammo via con una malinconia e piangente, re ritornammo dalle mamme, raccontai il fatto alla mia .

Questo un fatto vero personalmente visto. Astro solo fatto vero,

IO e mio papa scendemmo del treno Appena fermato un aero incomincia a mitragliarci delle alto, tutti corremmo per salvarci annoto due donne mamma vecchia, e figlia giovane sfollati da

Palermo venivano nei paesi piccoli per non subire i bombardamenti la notte, la vecchia non poteva camminare e la figlia cercava aiuto del calore camion pieni di tedeschi che passavano, ultimò della colonna si fermo prese la figlia, e lasciano la veccia sola ammezzo la strada, noi la aiutammo fino al paese La mamma vecchia disperata dalla figlia che se la portarono, fu trovata morta giorni dopo l'altra parte fuori questi anni.

## LA FINE DELLA GUERRA

ScOmpare il fascismo, e la dittatura, arrivano la liberazione e la pace.

In seguito arriva la libertà di vedere, di sapere, di parlare, di poter pensare a un futuro sereno e di poter scappare dalla miseria, immigrare, per un avvenire tranquillo e possedere una casa e una famiglia per tanti giovani come me e un brillante avvenire.

Dopo la guerra, l'intera Europa era distrutta al solo inizio una lotta per ricominciare tutto da capo, non c'erano nulla, sola fame e miseria tutti in ginocchio, ma davvero tutta l'Europa si alzò, si portò a linea del mondo anzi meglio di tanti nel mondo arriva la corsa alla tecnologia e fu la prima l' Europa ad avere la televisione.

Ancora prima del mercato europeo l'Europa era ancora divisa, ognuno per se e dio per tutti.

Ora quasi tutta l'Europa e unita, arrivo la Pace. E finirono le guerre fra Noi auropei. E si costruì un'Eorapa nuova quasi e arrivo la nuova tecnologia televisiva Per prima nell' mondo.

Fu l'Inghilterra per prima a trasmettere la a televisione al pubblico, d pagò cara la conseguenza, ma già aveva provato prima la guerra e poi fermata, incomincia con 475 linee e il [standard Pal ] le linee erano poche e si vedeva amatissima, le righe erano troppo staccati si vedevano a occhio nudo.

La seconda fu la Francia, davvero la presa di più la fregatura di più dell'Inghilterra  trasmette al pubblico con 775 linee, e [standard se can, ] era in mezzo  o al centro dell'

Europa le righe erano troppo si accavallava una sull'altra e differente standard nessuno poteva vedere la Francia né loro potevano vedere i vicini. Gli ultimi i più disagiati dalla guerra, la Germania e l'Italia vedono quello che successe ai vicini e fanno lo standard pal assieme, che divenne universale nel mondo, ve ne sono tanti altri, con 675 righe era perfetto e tutti eseguono questo standard era il 1953.

L'America, il Giappone e altri eseguirono questo fino al colore e poi al digitale.  Il 1988 /90 ecc. con la TV, porta sapienza per tutti, insegna a tutti e tutto, sterminò i dialetti e ci fece parlare tutti in una sola lingua, l'inglese. Un sicuro futuro di piacere e intrattenimento per tutte le persone del mondo.

## LA 2sc RIVOLUZIONE INDUSTRIALE

L'era dei satelliti Arrivala nuova Tecnologia Digitali.

La prima trasmissione telegrafica con due fili Poi da Marconi senza fili.

**Arrivano il personal Computar, poi internet.**

Questo è un'altra nuova tecnologia. E cambio la vita a tutti. Rivendo più face la nostra vita giornalira di tutti. Non si potrebbe più vivere senza di Essa.

Una novità davvero utile a tutti noi.

Poi il PC aiuta a sviluppare la nuova tecnologia giornaliera.

CREO' TANTE MIGLIA DÌ INGEGNOSI IN TUTTO ILMONDO. E LA NOVA ERA TECHNINOLOGICA; IN POCO TEMBO RIVOLUZIONO IL MONDO INDERO.

E ci fece arrivare come un sogno, dove siamo oggi e tutti ricchi, questo e solo l'inizio. Della nova tecnologia? Del 20sc! Le notizie adesso arrivano a tempo reale in tutto il mondo. Prima passavano mesi e anni per una notizia arrivare.

Con l'arrivo dei telefoni prima a due fili, poi arriva il wireless, modem senz'altro fili, a Broad banda, larga banda, più veloce da operare nel PC cerchi qualsiasi cosa e la trovi come una magia ha facilitato il modo di trovare, di insegnare, alle scuole, all'università, alle conferenze mediche, tecnologiche. E aiutò il mondo intero e lo fece il nostro mondo, un paese, non so come chiamarlo in una sola aula, o crasse si può collocare con tutto il mando I in'telnet. Adesso in una conferenza mondiale tutto il mondo intero guarda la stessa cosa, contemporaneo.

Come ora detto tempo reale.]
Ultima era con i satelliti che sono, ha 45mila kilometri di altezza. E a centinaia in orbite dell'arco globale nel mondo sono sempre in'innovazione hanno poca vita da quattro a sei anni sono sostituiti tutti, poi allineate. In orbite nell'arco globale da terra, alcuni addirittura sono incontrollabili e li perdono e li sostituiscono con un altro satellite.

Questo è il prezzo della tecnologia. Con l'era dei Satelliti questi davvero cambiarono il mondo, facilitano tanto la trasmissione che era prima terrestriale per trasmettere una trasmissione nel proprio territorio servivano tanti ponti di trasmissione uno ogni 30 o 40 km cera un ponte che amplificava le onde e li rimandava per l'altro ponte, era difficile e costosa e a volte era interrotta da tanti fattori come alberi, monti, atmosfera, aeroplani, ecc.

Ora un solo satellite può trasmettere migliaia e migliaia di cali Radio televisivi e telefonia comunicazione più economici efficienti senza problema quasi.

# ARRIVA IL 21ns, SECOLO,

UN NUOVO MONDO DAVVERO ORA E' RICCO DÌ BENESSERE E DÌ TECNOLOGIA.

Guardato da persone della mia età, è magico davvero, tante cose, nuove arrivano, senza muovere un dito se lo vedessero i nostri nonni, si spaventerebbe do certo della ma, già senza muoverti dalla [ sedia ] potrà cambiare tutto nella casa dall'A allo Z una vera magia se la guardate con attenzione.

Il nuovo Secolo apre le porte a tante Prosperità, benessere a tutta umanità.

Ancora ci sono cose non giuste, terrorismo, fanatici, fame, ingiustizia a volte ma quasi porta la democrazia a tanti nel mondo.

IL secolo che passò era pieno di miseria, fame, dittatura, sterminazione d'intere popolazioni, analfabetismo, senza cultura, senza tecnologia, per tanti non c'era nulla, nemmeno l'acqua per bere ed era amara davvero, per tutta ora davvero possiamo chiamarci tutti ricchi, quasi ricchi di benessere e di ogni cosa, noi non avevamo nulla di tutto questo 50-60 anni fa non esistevano ancora.

Pensate per un attimo tutti, noi quasi tutti viaggiavano a piedi, adesso una o due macchine o più a famiglia, Televisione in ogni camera, quasi HF radio telefonino e PC e altro. Ma, chi aveva tutte queste cose, che nemmeno esistevamo ancora, a chi vedeva soldi in giro, solo un soldino o mezzo soldo e pure c'era il quarto soldino, in giro non in tasca. Le vacanze ma che cosa sono, io non lo sapevo. Si sentiva dire [VADO in vacanza] ma sei impazzito, ma che cosa sono. Ora per tanti una o due a l'anno, quasi per tutti,

PRIMA era impensabile avere tutte queste cose. Ora l'abbiamo tutti queste belle così sono facili. La recezione è arrivata ] ma Noi tutti ci siamo Nati e cresciuti e vivevamo con essa estate e inverno, nella recezione non sapevamo cosa era.

Quando ero in Italia, tutta la mia vita non esistevano ancora tutte queste cose, nemmeno le sognavi nessuno aveva nulla pure i ricchi non avevano tutto quello che c'è oggi, un esempio, la carne c'era solo la fine della settimana, dalla domenica al venerdì non ce n'era per nessuno. Dopo undici anni nel 1966 io e tutta la mia famiglia andammo al paese mio con la macchina da

Londra una dei due bambini la più piccola, voleva la carne tutti i giorni adesso non ne mangia più davvero non c'era carne in cinque o sei macellai, vado al paese vicino, Lì la stessa cosa, in quattro paesi non c'era carne, siamo andati in un paese in montagna, a Santo Stefano di Quisquina li fa fresco e lì la trovammo comprai mezzo capretto per non ritornare e percorrere tutta quella strada.

Questa è sacra verità ancora non c'erano i frigoriferi, e non c'era carne che con il caldo puzzava che nessuno si poteva permettere di comprare un pezzo di carne ancora, dopo tre quarti di secolo, prima dei frigo. Come vedete pure i ricchi non avevano soldi, compravano  solamente a credito con la[taglia.].

La taglia è un pezzo di legno morbido da tagliare, lo prendevano  dalla pianta di [Zabara la ferla la pianta della famiglia  [ALORA] Un pezzo,di legno lo tagliavano dall'alto in basso  in due  pezzi erano identici uno lo teneva il proprietario del negozio  l'altra metà lo portava il compratore  che lo segnavano tutte le volte che compravano  con delle  taglie linea e per  tutte due i pezzi, e pagavano  con della merce in  qualcosa se lo pagavano o avevano da dare qualcosa.

## QUESTO ERA IL MONDO CHE TROVAI E CHE HO VISSUTO

Pensate per un momento di abitare in un mondo dove non c'è niente, nulla, senza un futuro senza uno scopo, senza un avvenire come vi sentireste, questa era realtà non è passata un secolo.

Non saper leggere o scrivere, si andava avanti, con le favole. A me dicevano ti racconto un "Cuntù" raccontato se li passavano il da padre a figlio, i racconti da generazione a generazione per secoli e millenni una  favola o conto se lo raccontavo tutti lo lubrificavano ed era li raccontarlo sempre, se lo passavano  ai nipoti o figli o altri alla sera  piena di freddo al buio quasi attorno un po' di fuoco di legna quasi una cenere calda con una piccola luce raccontavano questi belli <conti> per ore fino che si andava a letto non più dalle otto o nove di sera tutti  a letto in buio totale, questo andato avanti per millenni credetemi.

Senza luce nelle strade o nelle case era un buio totale  per millenni la sola luce era la candela per chi  poteva comprarla c'erano i lumi a petrolio la lampada ad acetilene, al mio paese c'erano le miniere di zolfo ed era largamente usata, questa si usava a casa mia, la maggior parte della gente usava lo[ spicchio] un cucchiaio si riempiva di olio, un mecco di cotone si posava su un piatto lo agitavi e avevi la luce La più economica e largamente usata da tutti questa era la luce in casa per tanti.

Presto a letto e facevano figli e questo che tutti aveva una famiglia numerosa, era il buio.

Senza trasporto per nessuno. Per andare da una parte non c'era altro che la marcia scarpe, se tenevi due belli piedi sani potevi girare il Mondo, il più economico trasporto usato largamente da tutti, ma chi vedeva il mare abitavo poco lontano e nessuno andava in spiaggia a piedi. Se non avevi un mulo o un asino ti dovevi arrangiare con i tuoi piedi, io li avevo sempre rotti che non avevo neppure le scarpe. Come si fa ad andare al mare scherziamo in queste condizioni nessuno se lo sognava il mare.

Quando ero bambino andavo a lavorare con papà quasi sempre, si camminava per ore prima che si arrivava al lavoro, a volte ci volevano 3 ore di andata e 3 ore di ritorno e tutto il giorno a[ cariare di Caruso] arrivavi a casa tutto rotto e senza scarpe tante volte, sbattevi nei sassi e ti faceva vedere le stelle di giorno questi non sono scherzi, erano fatti veri giornalieri, lavoravamo nella ferrovia, il treno di montagna chiamato, quando noi andavamo al lavoro lui saliva alla mattina, alla sera lui scendeva e noi salivamo a piedi tutto era organizzato per un bel viaggio a piedi.

## COME VIVEVAMO fin dopo la metà del 19sm secolo.

Tutti in mezzo all'immondizia fino al collo. Alla paesana in mezzo alla cacca o merda vera tutti. Questo è andato avanti per secoli forse per millenni, davanti alla propria porta, dove abitavano con tutta la famiglia, questa era la realtà dei paesi provinciali, in tanti paesi del mondo senza progresso, totale ignoranza, totale assenza di energia, senza acqua, luce e strade.

Tutti i comuni ignoravano di pulire le strade, la raccolta dell'immondizia era ignorata da tutti senza fogne, toilette, bagni per l'uso personale.

Usavano tutte le ultime strade dei paesi come lastrine, da tutti i maschi, le donne la facevano in casa nel vaso o [renale]e quando riempito il vaso [il renale di 11 cantucci, lo coprivano, con il fasciale o parte della vesta che indossavano e la portava fuori paese a buttarla più vicino alla strada che trovavano fuori paese, che servivano come gabinetti per tutti, lì c'era un terribile odore, era impossibile camminare, era tutto pieno non c'era dove posare un piede, lo spazio che c'era era pieno zeppo di tutto, era una cosa rivoltante e sporca, usata largamente in tutti i paesi in Europa fino al 1960; la più avanzata era l'Inghilterra, il 75% già aveva le fogne il famoso { Wc inglese di ceramica } e l'acqua in casa con tubi di piombo questi dopo risultati cancerogeni e poi sostituiti con i tubi di ferro, avevano bagni e toilette in casa e bagni pubblici. Si arrivò alla fine degli anni sessanta quasi per tutti per avere acqua e bagno con toilette in casa e fu eseguita da tutto il resto dell' Europa con la prima rivoluzione industriale arrivò l'igiene, con essa portò la pulizia che diede vita ai tumori ma finirono tante malattie come la tubercolosi, molto infettiva, bastava che passassi vicino ad un malato e diventavi tu ammalato di tubercolosi e si moriva pure, poi tifo, malaria, la giarna, febbre terrena, bronchite ed altri come gli occhi malati ecc..

Sparita, l'immondizia spari a tutti con essa, ma arrivarono tutte quelle che esistono adesso con la tecnologia, ma si campa di più, poi più belli, forti e sani e allungò la vita per tutti, si può vivere più di cento anni se sai proteggere le tue ammonirne dai radicali liberi .

Qui io non sono un tecnico su questo ma vi dirò tutta la mia teoria che imparai all'estero, dove ho vissuto, perdi più di cinquantacinque anni. Ogni volta che respiriamo, per pulire il nostro sangue, dall'intossicazione che respirate e mangiamo il cibo, tutte le cose viventi hanno bisogno dell'ossigeno, ce n'è in quantità e l'unica cosa che non si paga ancora, questo vale per tutta l'umanità, piante, fiori, uccelli, animali, serve l'ossigeno. Esso è composto da due particelle o atomi un polo positivo e uno negativo vanno sempre accoppiati, ne respiriamo a milione in un respiro e con esso ci sono diecine di migliaia, soli e non accoppiati e sono negativi e positivi questi vengono chiamati < radicali liberi> sono molto pericolosi, affamati rabbiosi e aggressivi, arrivati nel nostro corpo cercano di accoppiarsi e mordono i atomi buoni e li fanno diventare come loro in altre parole aumentano di compagnia e più ce n'è più male fanno a noi.

A tutto questo ci ha pensato madre natura e ci ha fatto nascere con un grande esercito di anticorpi, per proteggerci dai radicali liberi sterminarli tutti {gratuito radicale }e altre straniere che portano infezione al nostro corpo.

Tutto questo andava così bene fino la prima rivoluzione industriale che porta con se tanta tossicità ed altri tossici velenosi e l'esercito di anticorpi dentro di noi non basta più a difenderci, ci fa ammalare di ogni cosa azionata dai radicali liberi con il fumo e pulizia si accaniscono di più fino a formare dei veri e proprie nidi dentro le nostre arterie fino addirittura a bloccare le arterie e farci morire di infarto questo e la realtà di questi radicali liberi a distruggerci con il tempo.

Voi ci credete o no le cose son cosi e veri, io ci ho creduto davvero e mi aiuto con le vitamine E, C aglio, te ed altri antiossidanti. Il cuore mio l'hanno controllato moltissime volte è forte e sano come un leone, io non fumo più questo davvero aiutava ai radicali liberi ho finito di fumare quindici anni fa se voi campare a lungo e meglio pensarci prima che sia troppo tardi mangia aglio e bevi TE verde e un po' di vino ti protegge davvero.

Prima madre natura ci proteggeva in totale assenza della tecnologia. . Un mondo dormiente, che dormiva notte e giorno, andava avanti a racconti, a favole, ma erano pieni di entusiasmo e pieni di serenità, si rideva sempre,  con scherzi, e  trottole, sapevano tutto di tutti di ognuno all' istante; la notizia volava immediatamente.

## Tutti i comuni ignoravano di raccogliere l'immondizia.

Non pulivano mai le strade, la sporcizia si accumulava e formava  dei veri e propri mondezzai alti più di un metro a volte tutta fama puzzante piena di germi, malarie e tifo; nelle strade dopo mesi e mesi tutti buttavano fuori l'immondizia della casa la buttavano fuori  tutti  giorni per mesi, fino a che le strade erano piene zeppe d' immondizia,  ogni strada ce ne erano tanti uno ogni 10-15 m e aspettavano che la pioggia la portasse via e pulire le strade.

Questo giustifica che quasi tutti i paesi sono costruiti vicino ai fiumi e in colline proprio per questo motivo. La pioggia  puliva le strade, quando piove forte si formano come torrenti veri e propri, tutta la gente mentre pioveva usciva fuori per aiutare l'acqua che passava a portare via tutto il fango accumulato, a volte la moglie teneva l'ombrello aperto e il marito con pala o zappa combatteva con la corrente per portare via tutto l'accumulo da mesi e mesi di immondizia sostata li davanti per millenni forse fino a più della metà dello scorso secolo  i comuni se ne infischiavano di pulire le strade.

E chi moriva o si ammalava non era un problema loro. Una vera vergogna durata per secoli, una vera discostata maniera a carico dei propri cittadini o paesani.

Poi in tutti i paesi provinciali vivevano solo con il proprio terreno, la sola campagna era l'unica fonte di sopravvivenza per millenni  e specie tutto il sud dell'Italia era ricca davvero l'agricoltura, odiata da tanti paesi vicini fin dai romani stessi, hanno fatto tante guerre per questo, come tanti altre nazioni potenti allora per questa ricchezza, come Saraceni.

Greci e altri. L'ultimo a portare tutto via fu Garibaldi con Vittorio Emanuele RE di D'Italia, con la forma di schiachellaggio per unire l'Italia si portarono tutte le ricchezze che trovavano, fecero una guerra civile, e gli dettero il titolo di brigantaggio dopo uccise decine di migliaia d'innocenti e imprigionarono tante migliaia di persone e buttarono le chiavi, sotto la farsa di unire l' Italia ma era il nostro  sud pieno, ricco e prosperoso con il regno delle due

Sicilie pieno di grano, frutta, cereali, vino, ecc. L'intero mondo ci ha massacrati per millenni [vedi la piccola storia della Sicilia più  avanti,] tutti i contadini nel Sud quasi avevano la propria casa, dove abitavano, tenevano tutto quello che potevano e tanti animali con loro, cavalli, muli, asini, vacche, capre, pecore, pollami, cani, gatti, conigli; ecc, una vera e propria  fattoria agricola in casa di ogni contadino nel paese dove abitava nel pianterreno ci stavano gli animali, con la legna, fieno, paglie tutto il concime che facevano gli animali rimaneva li per tante settimane o mesi.]

Abitavano vicino, nella stessa abitazione con gli animali. Dopo che il concime si faceva insopportabile, il contadino puliva la stalla e chi abitava vicino, ci voleva una maschera anti gas infettava tutto il quartiere con l'odore rivoltante e puzzante, riempiva cosi chiamati.

Zemmila e lo portava fuori il paese al monnizzaro, dalla strada di campagna che andava alla sua terra, tutte le strade di campagna fuori il paese arano piene zeppe di immondizia da tutte due le parti ogni contadino aveva un suo posto riservato circa 3x3-4metri per il suo concime da buttare per poi in autunno lo portavano nella sua terra per concimare che allora non c'erano chimici o fertilizzanti per avvelenarci tutti  come fanno oggi, allora era unica cosa naturale da secoli dopo tutto la puzza che creava era  la fonte unica per concimare la terra.

Questa maniera è andata avanti così per secoli fino ad oggi quasi in alcuni paesi, infine i comuni si sono assunti le loro responsabilità a provvedere alla collezione o raccolta dell'immondizia e a pulire le strade, finalmente arriva l'igiene, per il paese e cittadini non sempre va bene, ma ci provano almeno.

Poi tutto era fatto a mano non c'era progresso per nessuno. Per un paio di scarpe o un vestito ci volevano tre giorni di duro lavoro per gli artigiani e poi duravano anni, per sostituire un paio di scarpe o vestito te lo tenevi come un gioiello  se tenevi la fortunato  a fartene uno non era cosa da tutti farsi fare un vestito, o le  scarpe in certe  famiglie allora numerosi se il padre riusciva a fare un  vestito o scarpe a uno non poteva farli a tutti chi si alzava  primo li indossava il vestito o si metteva le scarpe, può sembrare che io sto scherzando ma vi giuro è verità, l'ho visto io con tanti che conoscevo nel mio paese provinciale, e quando questo avveniva  li dicevamo "ti se alzato il primo stamattina  hai il vestito nuovo e bravo" finiva che arrossiva, sembra una barzelletta a te ma era la sacra verità giornaliera per tanti credetemi non è scherzo erano fatti veri e giornalieri allora.

# I paesi senza fogne e acqua

Ognuno si arrangia come poteva per avere un cesso dove urinare, tanti si mettevano  d'accordo nel paese e percorrevano socchi nelle strade fino fuori paese, poi con delle pietre facevano un cunicolo e lì si collocavano chi poteva farsi un gabinetto in casa e senza acqua tutto puzzava. Non c'erano ancora tubi o non soldi per comprarli e tutto era fatto di pietra e gesso pure il cemento non erano alla portata di tutti.

Il condotto lo portava in casa e lì facevano il cesso, un vero buco separato in due con un pezzo di mattone un po' di acqua per fermare l'odore l'altra metà andava alla specie di fogna. Puzzava tutto da morire, c'era puzza in tutte le case, c'era puzza per tutte le strade, il suggè si perdeva su per la strada prima di arrivare fuori il paese, e poi questi finivano tutto nel terreno vicino al paese.

QuandO c'era vento si sentiva l'odore di fogna dappertutto, specie d'estate fino nelle città, si moriva di puzza, ancora i comuni non si facevano responsabile di tutto questo. Orribile puzza tutto l'anno e tanti si ammalavano con malarie e tifo.

Chi non aveva un cesso dentro buttava tutto fuori nella strada e tante volte la buttava addosso, alle persone e li uscivano tanti litigi, immagina prendere in testa un vaso pieno di urina o altro.

Un corpo del genere come ti facevano  sentire profumato da testa al piede e poi non c'era dove lavarti se non c'era un fiume vicino, si faceva il bagno in una pila, così chiamata una vasca di legno fatta apposta per lavare i panni circa 60x40 cm con un'apposita tavola tutta regata per stregare i panni si usava per lavarsi tutti in famiglia, ogni tanto con un po' d'acqua della fontana vicina.

Se arrivava acqua, chi poteva aveva fabbricato pozzo in casa, chi poteva per stare un po' di più nell'acqua, per lavarsi e apposita vasca come una vera, bara di morto, tutto ferro zincato o stagnato, e saldate tutti le giunture per essere ermetiche.

Questi  erano i tempi di allora in certi comuni ricchi c'erano i bagni pubblici per tutti, e la <PRISA> per lavare i panni tutto il paese una specie di vasca apposite  palate tutte regati per lavare i panni chi poteva comprare il sapone che era o come un grasso delle macchine, veniva passato sullo sporco  poi trincato e lavato nell' acqua, era comune per tutti, o si usava il  fiume che passava vicino al paese erano fortunate avere l'acqua passante, facevano il sapone loro stessi con grassi, oli e potassio lo bollivano per ore e poi raffreddato lavavano i panni ancora c'era la cenere delle  bucce di mandorle verdi venivano bruciate senza aria tutto coperto con la terra per non entrare l'aria come il carbone da stirare i panni allora c'era il ferro da stiro ancora usato in tutte le famiglie fino ad oggi usavano il carbone di legna dei boschi, tagliavano la legna la impostavano tutta al limpide tutta vicina al altra, coperta di terra incominciavano un fuoco nel centro della fornace preso il fuoco durava tanti giorni o settimane finita di fumare si raffreddava la legna veniva tutta scoperta dalla terra, bruciava piano. Piano, era torta e usciva il carbone era pronto per venderlo ai negozi pronti per usarlo per stirare i panni con ferro da stiro. Il tronco era ancora in tatto tutto bruciato lento e ancora aveva tanta energia dentro che ancora è usata per il barbecue per arrostire la carne dà un sapore particolare solo si ottenuto con il carbone da legno.

Si usava a larga quantità per stirare i panni fino al ferro elettrico di oggi, questo era unico modo per millenni per le donne e i sarti per stirare mettevano un po' di cotone unto di spirito o un po' di carta dentro il ferro da stiro lo riempivano di carbone, acceso il carbone diventava rosso come prima e dura per lungo tempo a farli stirare tutto il bucato e se era di inverno si usava per riscaldare loro stessi dal freddo questo era il carbone di legno.

Poi non c'era acqua in casa per nessuno, i comuni mettevano una fontanella ogni quartiere e la gente si forniva lì con dei <quartare> un contenitore di terra cotta da dieci litri circa ogni famiglia ne teneva tanti tutti pieni per l'uso casalingo necessari.

L'ACQUA DELLA FONDANA PER BERE, CUCINARE, LAVARSI TUTTO E PER IL CESSO,

Si riempivano dalle fontane della broche [Le quartare di terra cotta]

La mia mamma ne teneva circa dieci di queste quartare sempre tutte piene, l'acqua a volte mancava per giorni o settimane tutto era fatto arrangiato e quando pioveva forte addio acqua, le frane rompevano i tubi malmessi, l'acqua non arrivava più per settimane, e si andava in campagna, dove c'erano delle sorgenti naturali di acqua amara, o pozzi si tirava su con un secchio, forse non potabile ma non avevi scelte o quella o nulla, e si aspettava ore e ore di coda per portare a casa un può d'acqua per tirare avanti un vero e proprio terzo mondo  di allora in Sicilia,  questa era la realtà di allora e lo e angora oggi in tanti paesi .nel mondo tutto questo era realtà giornaliera per tutti Noi fino adesso danno l'acqua ogni 5/6 giorni nel agrigentino fa ridere vero.

## LA COMUNICAZIONE

Unica Forma di comunicare era la posta o il telegramma o i piccioni poi la radio, Il treno arrivo al mio paese prima che Io nascessi. La Sicilia  E tutta piena di colline agricole . Per potare il treno all'interno   della Sicilia che era tutte coline, usarono treni con binario stretto, e nella mezza anatra linea tutta dentata" rimpaglierà" la locomotiva aveva in mezzo alle due ruote   motrice un'altra ruota tutta   dentata e quando arrivava nei tratti in salita veniva azionata e girando si arrampicava alla cremagliera e saliva la collina era come la bicicletta, la linea dentata  era la catena distesa atterra, lo chiamarono il treno della montagna

Questo era l'unica forma per uscire ed entrare nel paese, il treno prendeva e portava la posta e tutta la merce.

Poi con l'arrivo della macchina tutto cambio e il treno, lo mandarono in pensione io scappai prima che arrivò questo, Io non lo vidi andarsene, senza ospedali e medicine per curare, non c'erano medicazioni o fasce per fare sanare le ferite, Non ospedali per operare, e curare le persone malate, con la liberazione degli americani arrivò qualcosa di medicina come la penicillina, e gli insetticidi che eliminava le malarie. E dopo risultò, cancerogeno, per le persone ci si curava con le piccate ed erbe delle campagne.

Prima c'era solo miseria, sofferenza e ignoranza totale, non c'era nemmeno la liberta non si poteva parlare di nessuna cosa solo obbedire e combattere, era il motto fascista, per la sopravivenza. Con il fascismo non c'era lavoro e non cera nulla, né da mangiare né da sperare.

Con la fine della guerra tutto cambiò è arriva la ricchezza per tutti, possedere tante belle cose che oggi abbiamo attorno.

I nostri figli li hanno trovato e angora si lamentano che non sono contenti ma di che cosa, anno tutto noi non avevamo nulla. Forse scherzate a noi, ci fate ridere, c'era un proverbio che noi dicevamo, voi siete nati tutti con La camicia, e il pane in bocca, era un'espressione di allora, quando uno era un po' meglio dell'atro.

## VOI GIOVANI D'OGGI AVETE TUTTO

Avete tutto Quello che desiderate non avete visto altro che benessere intorno a voi, ricchezza da tutto, e benessere tutto intorno Grazie alle nostre sofferenze e i nostri sacrifici.

Voi non avete idea di quello che abbiamo passato, per arrivare a quello che oggi abbiamo.

Io stesso non so quando incominciai a lavorare quanto anno, avevo, non lo ricordo so che sono andato a scuola a sei anni, e prima portavo il pane su la testa a tutti i clienti del paese.

Poi a undici anni con mio padre iniziai con i lavori pesanti, senza scarpe per lavorare e poco da mangiare. Ricordo un giorno che il pane era duro e amaro, non si poteva inghiottire era come quello che davano ai cani, fatto con la "maniglia" crusca del grano questo era il pane delle tessere non ricordo se 200 grammi o meno a persona, non lo volevano nemmeno i cani, io lo buttavo in una buca che c'era in una roccia e tutti giorni lo buttavo li. Se lo mangiavo, mi provocava dolore allo stomaco, se lo dicevo al papà, mi menava, lo dovevo mangiare, perché non c'era, altro bisognava mangiare per lavorare a campare, questo è un altro pezzo di verità.

Io Preferivo mangiare verdure, della campagna, cicoria, finocchietti selvatici cardella ecc. era meglio del pane delle tessere della guerra. E l'estate si mangiava frutta, se eri fortunato a trovarla se no a stomaco vuoto. Nessuno era grasso. A noi tutti tremavano le gambe della fame. Io in

Verità ero fortunato lo avevo sempre il pane o quasi. E a volte il mio lo dividevo con altri amici la fame non e un scherzo ti fa morire, e ne morirono tanti di fame. Questa era la santa realtà di allora cari giovani di aggi.

# I GIOVANI DÌ OGGI
## Nascono ingegnosi.E diventeranno super ingegnosi nell'futuro con la Nuova Tecnologia.

Nascono ingegnosi. Sì, è vero, avete trovato il pranzo pronto, sul tavolo, in un piatto di argento pronto per mangiarlo.

Ma chi ha preparato il pranzo,che ora Voi, mangiate e godete e vi fa sentire grandi  Sapienti in tutto, testardi, e a volte ineducati e non  obbedite mai ai  più grandi, se chiediamo un favore dite sempre si, ma non lo fate mai,  tutto normale come se avessimo  parlato  al  muro, per noi obbedire era Sacro, la prima cosa da fare, immediato, giusto o sbagliato,  si doveva fare subito e basta.

Per voi giovani è tutto normale come a volte, vediamo in TV, ammazzare le mamme e fratelli a coltellati senza un motivo, i genitori, per interesse. Ma  siete tutti matti, invece di essere contenti, riconoscenti  e darci rispetto, di quello che avete trovato. Lo abbiamo fatto per voi, ci ignorati e ci fate vedere rosso, lavorate.

Ma davvero siamo in un mondo, malato pieno di pazzi.

## QUESTO ERA IL MONDO DOVE NOI VIVEVAMO

Come Noi ce la passavamo? Male. Noi non avevamo nulla, Solo ci rimase la storia da scrivere per voi, Se la leggete avete Tanto da imparare.

Questa è la storia della mia vita, come la passai dall'infanzia a oggi, tanti ne sono successi e vidi quasi tutti brutti. Da quando ero bambino, Io solo spero che la leggiate, tutta fino alla fine, avete solo da imparare e venire a conoscere di qualcosa, di sicuro, nulla da perdere di certo, magari per una curiosità conoscere la storia di Noi o da un nostro.

Io vi prego di continuare fino alla fine grazie.

Io personalmente, ho vissuto tutta la mia vita sempre lottando notte e giorno con tutte le mie forze. Per superare tutte le mie contrarietà e ingiustizie che continuamente mi circondano, quasi giornalmente e quasi ogni notte combatto con tutti nel sonno a volte fino a gridare forte chissà cosa ma non ricordo più nulla quando mi sveglio- Io, non so le perche.

Arrivano sempre solo a me, questi problemi quasi giornalieri, ho sempre da lottare, e mi trovo sempre nella punta del bastone. Ma, dopo tutti questi anni ho imparato come vincerli tutti, quasi.

Tante volte ho aiutato tanti e nel mio DNA aiutare tutti quando posso, questo mi dà gioia a farlo, e poi me li trovo contro di me a volte magari odiato, pure da quelli che mi sono vicini che amo, e voglio tanto bene.

Cerco sempre di trovare la mia serenità e dare un bilancio alla mia vita ma davvero sempre.

IO a soffrire come ho detto fino la notte, ho sempre nel sonno una cosa da risolvere da portare a porto, tutta, la notte. Tante volte mi chiedo ma dov'è la mia pace ma davvero esiste, IO non l'ho ancora vista in vita mia, da quando sono nato.

## ME, PIACE INTRODURRE LA MIA FAMIGLIA

Sono nato in una famiglia Siciliana e povera, in quella era, erano tutti poveri, era una cosa comune largamente usata nel mondo L'era della povertà.

I MIEI NONNI E PARENTI
Le due famiglie delle mie genitrici erano onesti e grandi lavoratori.
LAFAMIGLIA DELLA MAMMA
Il padre, il Nonno FRANCESCO TRAINA Era un buon barbiere e lavorava in miniera con dei soci ma solo per tirare a campare. Morì giovanissimo, e lasciò la Nonna
CROCE ARCURI con una grande famiglia con 8 figli: 4 femmine e 4 maschi. La Mamma viene da una grossa famiglia di grandi lavoratori, onesti, rispettosi e rispettati da tutti del paese.

I Fratelli di Mamma tutti lavoravano alla sera nel negozio a tagliare capelli e radere e il giorno in miniera di zolfo come carosi per il trasporto dello zolfo tutti e i quattro fratelli.

La Nonna con una dei figli più grandi, la zia CONCETTA e Mamma, lavorava in un panificio, IL forno e cucinavano il pane per metà persone del paese faceva da 200- 300 pani da un kilo il giorno. Ed Io e mia cugina Cecina non sappiamo quanto eravamo grandi di età, portavamo il pane cotto a tutti i clienti locali, una coffa piena sulla testa tutti i giorni da adolescenti. Erano tutti giovani sani simpatici di personalità gentili con tutti.

Per radere e capelli, i clienti di allora, un'usanza dei tempi, le pagavano con il grano ogni fine dell'anno. Io non il mai conosciuto il Nonno so che era buono e simpatico detto dalla mamma lasciò la Nonna con una grande famiglia .

La famiglia di papà il nonno SALVATORE MONTALBANO è morto pure lui giovane, lasciò la Nonna, papà un fratello e una sorella zia Peppina, giusta, l'ho conosciuta, buona e bella, pure lei era Vedova con dieci figli da sfamare, tutti piccoli.   Abitavano in un altro paese vicino al nostro.

Il Nonno aveva una bottega di genere alimentare e con questo che tiravano a campare tutti, pure lui era simpatico gentile e generoso con tutti.

LA NONNA FELICIA CANNATA, abitava con  noi e papà è morta a 82 anni, era  bellissima, alta sempre arrossata  labbra e guance rossissime come se fosse truccata ma allora non esisteva il rossetto per  tutti, era fortissima mi  prendeva con una mano e mi metteva al suo collo e mi portava da sua figlia che abitava in un paese vicino a 10 km a piedi io ero piccolino e non ce la facevo a camminare per tutta questa strada e a volte si stava con la zia per alcuni giorni e di nuovo il ritorno io sulle sue spalle.

È morta con un graffio di filo era arrugginito le fece can cancrena, le tagliarono il dito della mano e prima di un anno morì, povera Nonna! Per non avere medicine allora.

## LA MIA FAMIGLIA PAPÀ E MAMMA.

La mia Mamma prima di me ha avuto due gemelli, una morì appena nata l'altra è ancora viva la mia unica sorella FELICIA, due anni dopo ancora un'altra bambina è nata e morì due anni dopo.

Due anni dopo ancora nasco

Io SALVATORE il nome  del Nonno il padre di papà. 4 anni dopo mio fratello Franco e 10 anni dopo mio fratello Bernardo .

## LA MIA NASCITA LUNGA E DOLOROSA.

Ci sonO voluti più di tre giorni per partorire mia MADRE.

Io volevo nascere ma essa non poteva la facevo morire di dolori ed io non nascevo mai, la

Mamma penava quasi a morire per tre giorni dopo che quasi lo uccideva di dolori, sono nato. HO guardato tutto intorno non mi piaceva e mi so messo a piangere a gridare da matti la mamma mi accudì e mi disse mi hai quasi uccisa, ma sei maschio sano e bello e quello che noi volevamo, su ora mangia è tutto finito.

La Mamma me lo diceva sempre tu mi avevi quasi uccisa quando sei Nato. E questo, lo diceva a mia moglie e a tanti che quasi la avevo uccisa durante il parto.

## LA CORSA NELLA SCALA CON MIA SORELLA PIU GRANDE

Mia Sorella che ha quattro anni più di me, tutti i giorni correva dal primo piano chi arrivava prima al secondo piano.
Io poco più di un anno di età essa mi vinceva sempre, arrivava sempre prima di me, tutti i giorni la stessa storia, un giorno arrivai prima di Lei , quasi arrivato  all' ultimo gradino lei mi tira la giacchetta

Io così piccolo comincio a rotolare per la scala come un pallone fino al piano terra, all'ultimo gradino si trovavano delle [ quartare ] contenitori di terra cotta da dieci litri o più pieni d'acqua  potabile per uso casalingo giornaliero usanza dell'epoca. Si andavano a riempire alla fontana vicino del quartiere, aspettavano il turno e si parlava di tutto, nessun'ancora teneva la condotta dell'acqua.

Io andai a sbattere in una di questi contenitori pieni d'acqua con la mia testolina, l'avrò rotta forse, ma la mia testa non si è rotta solo ammaccata, mi dicevano ti sei ammaccato le corna, i ragazzini vicini, una ingiuria  infame per farmi accanire credo.

Ma roba da bambini ma appena mi toccavano vedevo le stelle dal dolore dopo alcuni mesi mi portano da un medico per vedere perche mi faceva tanto male.

## IL DOTTORE CHE MI FACEVA VEDERE LE STELLE Di GIORNO

Come dicevo la testa rimasta sana ma molto dolente sempre Il dottore vede il male.  Un dottore molto basso e simpatico di viso ma molto bestiale nei modi, come medico mi faceva tanto male che lo ricordo ancora oggi. Io odiavo così quell'uomo che quando veniva a visitarmi scappavo, ci volevano quattro o più persone a tenermi per lui potermi toccare, mi faceva vedere le stelle di giorno e lo coprivo d'ingiurie e decidevo di andarsene lontano da me, vai bestia mi fai male e  ti odio  ed altro .

Mi tagliò la fronte la prima volta, un taglio verticale usciva della marcia e sangue poi metteva dell'acqua raggia, e tintura che bolliva dentro la mia testa ed io morivo di dolore poi dello spirito tutto era fatto, in vivo mi faceva ballare senza musica.

Forse con le sue mani sporche la mia testa non si sanava mai. Era sempre in infezione da quando mi toccò per più un intero anno, tenevo la testa sempre fasciata. E dolorante da impazzire. Poi Io se vedevo o volevo qualcosa e non me la davano IO prendevo la mia testa e la sbatteva al muro e questo non mi aiutava di certo. Arrivò il tempo di tagliare ancora orizzontale e tutto in vivo, come un animale, già era più di due anni che io aveva la testa sempre fasciata e lui mi veniva e visitare ed Io lo mandava al diavolo per il dolore.

Poi continuavo a sbattere la testa e tutti mi dicevano se tu sbatti la testa, rimani con la testa sempre rotta., io piccolo non li ascoltavo era una storia giornaliera.

## LA BAMBINA SOGNA SAN  GIUSEPPE E ME

La Mamma era preoccupata per la mia testa che non guariva o sanava mai.

Un giorno camminando nel paese incontrò una ragazzina, dalla Mamma poco conosciuta che abitava nello stesso paese lontano da noi.

Quando vide la mamma, la fermò. Io l'altra notte ho sognato suo figlio con la testa rotta.
E san Giuseppe, mi appari  e mi ordino di trovarla e dirglielo.

Se vuole che la testa si sani, deve fare i Santi subito, vai a dirglielo, la mamma venne a casa a raccontarci tutto, ma nessun credette al sogno di una bambina che non conoscevamo bene, anche se conoscevano i genitori.

Dopo un mese questa bambina sogna ancora San Giuseppe le dice di trovare ancora la mamma.

San GiuSeppe le dice di ritornare di nuovo dalla signora Domenica il nome della mia mamma e di dirle che deve fare i santi adesso subito, se vuole che la testa di suo figlio sana. Lei deve andare a piedi nudi per le strade a chiedere l'elemosina con il frutto dell'elemosina che li danno mi  deve fare un altare con tre persone . un Uomo

Una donna e un bambino ora vanno a dirglielo bambina.

Questa è un'usanza largamente usata nel meridione, per devozione dei cattolici cristiani alla chiesa Cattolica Romana. Promettono santi per ottenere miracoli "grazie" per qualcosa d'importante, tante volte la grazia arriva davvero. La ragazzina di nuovo trova la mamma e li riferisce di nuovo il sogno.

La mia mamma forse pensava qualcosa di simile ma non era il tempo adatto. I santi li fanno il 19 marzo alla festa di San Giuseppe un santo venerato in molti paesi veramente miracolosi.

La mamma venne a casa piangendo e ci racconta di nuovo il sogno. Si è veri Io le credo davvero ora. Ma come faccio io, mi vergogno a chiedere l'elemosina, a piedi nudi Io non ce la faccio mi vergogno non posso.

Papà ed io pregammo la mamma di fare questo sacrificio fallo per me mamma ci vengo pure io con te, antiamo assieme. Vuoi che proviamo subito, vedi che ce la facciamo, su antiamo adesso proviamo. Era di pomeriggio lo mi ricordo angora appena usciti non lontano di casa [avui] vi aspettavo, sapevo che venivano ieri notte vi ho sognato, Ora vi do tutto quello che posso farina, vino frutta non ho altro prendete non vergognatevi, vedevo mamma Rossa con gli occhi lucenti, e per l'altare di San Giuseppe lui vi aiuterà.

Usciti dA lì quasi la stessa casa un'altra, sapevo che passavate prendete nessuno aveva soldi non ce n'erano per nessuno ma ci davano tutto quello che potevano, in meno di due ore non avevamo più, dove mettere la roba, ci prestavano, dove metterla per portarla a casa. Andammo via una cosa davvero mai aspettata, vedi mamma che non e stata male. Ci chiamano loro, guarda quando ce ne hanno dato manga poco vero, si domani proveremo di nuovo e vedete che finiamo subito, tu vieni con me vero si mamma certo che vengo con te. All'indomani quasi lo stesso in poche ore aveva tutto quello che ci serviva.

## LA FESTA PER I SANTI, A SAN GIUSEPPE E' IL MIRACOLO VERO.

Mia, mamma ora era contenta e serena a parte che era bellissima, la vedevo prendente, tranquilla, e sorridente, davvero prima era preoccupata di andare a chiedere l'elemosina era dura per lei, ma la mamma fa tutto per i figli, allora non lo capivo questo per l'età, ma adesso capisco la sua preoccupazione per me.    Grazie mamma dovunque tu siano. In paradiso spero, hai sofferto
Pure tu.

Ora non resta che trovare chi sono le persone per i santi questo non era nemmeno difficile c'è tanta  gente che non aveva da mangiare, per chi  veniva invitato era una grazia dal cielo, a fare o sedersi per  fare i santi,  un uomo una donna e un bambino tre santi nel mese di agosto una cosa insolita fare i santi  di San Giuseppe  fuori stagione .Mia, mamma una donna molto bella fina di colore, arrossata, con labbra come se li colorasse ma  mai  usava  toccarli a parte che allora  non c'era ne usanza ne  moda normalmente in quei tempi, la vedevo felice e contenta, ha preparato tutto l'altare, le persone per santi la domenica, tutto   era pronto   venne l'arciprete a benedire l'altare e i Santi  poi un mare di persone venivano per curiosità o per mangiare qualcosa e bere del vino che ci avevano dato, era una vera festa in tutti i sensi, una gioia per tutto il paese,Tutti Sapevano e venivano a vedere e tutti  mi toccavano e mi auguravano di guarire presto, pure Io sentivo tanta nostalgia.

Io come sempre con la testa fasciata da più di due anni, quel giorno ero felice davvero, una grande giornata di festa mai vista in casa mia così.

IO sono sempre stato un pessimista da quando sono nato, ma vi giuro appena fatti questi santi la mia testa guariva di giorno in giorno, un vero miracolo, la mia testa guarì in meno di un mese mi tolsero le fasce della testa ma mi sono rimasti dei segni nella fronte, ancora oggi si vedono le cicatrici, li porto sempre con me dovunque vado.

## IL GRAMMOFONO CHE FA BALLARE TUTTO Il QUARTIERE

In quei tempi se possedevi un grammofono, eri uno dei pochi ad averne uno, eri contato nel paese, mio papa ne aveva uno lui era sempre il primo ad avere tutte le novità, aveva la bicicletta, fu il primo a indossare il paltò lo chiamavano dopo il dottore che forse non ne aveva un'ancora, era un vero sportivo in tutto.

Lui suonava la chitarra e con gli altri c'era sempre portone a casa Nostra a vederlo suonare la chitarra, con i colleghi faceva divertire tutti, questi erano tempi se sentivano musica, correvano tutti a sentirla.

Quando comprò il grammofono, una novità del giorno, il disco parlante, correvano tutti a vedere, a sentire, a ballare non c'era altro in giro lo pregavano i giovani per fare qualcosa per loro. Passavano notti intere, sia inverno sia estate, tutto il vicinato o quartiere venivano a ballare, a divertirsi, magari a vedere ballare gli altri. Bei tempi, pieni di tranquillità di gioia per tutti.

Papà teneva circa dieci dischi e una scatola di puntini [La guglia] appena la punta si consumava, i primi erano morbidi, si doveva cambiare se non rovinava il disco e poi faceva rumore, Io non più di tre anni stavo lì a fare andare il grammofono avanti agli dava della corda, cambiavo i dischi li conoscevo dal colore, facevo tutto quello che volevano mi congratulavano tutti, che cosi piccolo facevo divertire tutti.

Il grammofono consiste in una scatola di legno 35x35 cm con dentro un meccanismo come una scatola dentro una molla che appena si assorgeva, formava una forza di far girare un asse che usciva da sopra e lì era montato un disco pesante che faceva da volano avviato la forza centrifuga, lo fa girare sempre costante, e questo fa girare il disco parlante ed nel lato un braccio azionato del molle per farlo leggero e li è montato un diaframma con la puntina che produce le vibrazione, è il diaframma la voce o musica e amplificata da un corno a campana che usciva la musica.

## IL GRAMMOFANO ARRIVA ALLA FINE

Un giorno ero solo in casa e morivo di curiosità di farlo a pezzi vedere chi c'era dentro che suonava.

Questa era la mia mentalità da bambino cercavo musicisti e strumenti, qualcosa del genere, quello che mi portò a fare questo, forse è stato di più un cane fotografato seduto nelle campane e ascoltava la voce del padrone.

Questo mi tirò in inganno, io ero un bambino, non c'erano tutte queste gadget di oggi in giro c'era la sincerità davvero, credevo nella mia fanciullezza che dentro c'erano davvero persone ed io li cercavo dappertutto ma dove sono non li trovava da lì mi fece diventare una bestia lo fece poi io con un martello a mille pezzi impossibile portarlo di nuova al suo posto. Ancora oggi sento la delusione di quel giorno ritornando, ai mie sensi vidi quello che feci, pensai: "Oh Dio ma che so matto? Questo è grave mio papà mi ammazza ma questi idiota che cosa mi hanno fatto fare ma come faccio e impossibile metterlo a posto, Oh Dio davvero sono un bambino matto mi ammazzano ora di botte, ma come faccio e mi misi a piangere".

Arrivò la Nonna Felicia che davvero mi adorava e vide un macello di pezzi dappertutto. Mi disse: " Ma che ti è preso? Tu lo adoravi il grammofono, non lo facevi toccare a nessuno, ma sei diventato pazzo? Ma come facciamo con tuo padre? Lui davvero ti ammazza! Questo è gravissimo; ma che cosa si può fare? Guarda vattene da tua Nonna Croce e dormi lì stasera io gliello dico domani piano piano, ma non credo che la passerai

liscia, sei un bambino davvero cattivo, oh Dio come sei cattivo".
Arrivò la Mamma e vidi quello che feci e anche lei: "Ma davvero
sei matto" mi diede due schiaffi nelle gambe.

"Tuo Padre ti  appende! Ma come ti venne in testa di ridurlo
così?"  Io piangendo dissi "Volevo vedere chi suonava, chi c'era
dentro, li ho cercati ma non c'erano!".  "Ma sei matto? Dentro
non c'è nessuno! Ora sparisci prima che arriva tuo padre, vai a
dormire da mia madre stasera.

Ma chi glielo dice? Ma come facciamo ora a ballare? Tutti ti
odieranno! Che pazzo che sei! Corri, vai via diavolo a nascondete,
dalla Nonna di mama non stare più qui.

Quando papa vide quello che feci, disse: "No, io non ci credo
che l'ha fatto lui, questo è impossibile, lui lo adorava, non lo
faceva toccare agli altri bambini! No c'è qualcosa che voi non mi
dite, ma dov'è? Lo abbiamo mandato da mia mamma per questa
sera,  ma io voglio che domani mi spieghi lui il perché".
L'indomani venne Nonna e Mamma a prendermi perché Mio padre
mi voleva vedere subito, io non voleva andare, mi convinsero di
andare che era meglio per me,  "Vuole sentire tutto da te solo
quello che hai fatto".  Arrivati a casa mi misi in mezzo a Mamma
e Nonna come un cagnolino,  papà mi disse: " Non aver paura
dimmi solo la verità, se è la verità ti perdono ma se sono bugie
guai a te!" Io: "Scusami papà io credevo che dentro c'era
qualcuno che suonava, come te, ma erano cattivi  non  si fecero
trovare e così mi fecero arrabbiare parchè non sanno suonare
come te! Perdonami!"

Mio padre si alzò per venire da me, io volevo scappare, mi
prese in braccio e mi diede un bacio. "Non avere paura e colpa
mia che non ti ho spiegato che dentro no c'è nessuno, è il disco
che canta per questo lo chiamo parlante!"  Io questo non lo
sapevo". "Si è vero ma ora lo sai. Non ci pensare  più ne
compreremo un altro appena vado a Palermo" e mi baciò di nuovo
e mi strinse a se.

# UN BAMBINO SEMPRE PIENO DI GUAI NELLA VITA

Da bambino ho avuto sempre la vita complicata e dura. Non ricordo quando incomincia a lavorare. Solo ricordo che dopo alcuni anni incominciai andare a Scuola Elementare, a sei anni io non esagero ma è vero, giuro su Dio! Io già lavoravo con la mamma, zia Filippina e Nonna nel panificio e tutte tre lavoravano e aggettivano da panetterie. La Nonna incominciò da prima a lavorare per la sopravvivenza di otto figli, quando morì nonno Francesco, giovanissimo poi si aggiunsero mamma e zia, facevano sei fornate di pane al giorno per i clienti. Io e mia cugina Cecina pure lei della mia età, da bambini portavamo il pane appena cotto ai clienti del paese, forse mezzo paese andava da loro a farsi cucinare il pane, godi diano per la famiglia. Lavoravano, dalle 6 del mattino alle 7-8 di sera, tutti i santi giorni, una vita veramente durissima per noi tutti.

Ogni giorno la stessa cosa, pane per tutti i paesani, poi nemmeno li pagavano a volte, c'erano sempre dei pignoli, facevano i furbi. E facevano, andare la Mamma in furia e farla lamentare per il pagamento. Il pagamento era un po' di pasta, ogni pane, era il modo di pagare, tanti pezzi di pane, tanti pezzi di pasta. Ma era, così poco che gliela dava indietro, sentivo dire: "Tieni, te la do indietro, te lo cucino gratis" diceva tante volte la mamma, sempre buona con tutti. Questo era cosi quasi tutti i giorni.

## PER FARE IL PANE PER UN GIORNO

Ogni sera, riempivano il forno di quartare, contenitori di terra cotta da circa 10 litri pieni d'acqua potabile, poi chiudevano la porta del forno, la notte si

riscaldava   per l'indomani mattina, era usata per impastare la farina con il lievito, e la sera prima, il lievito era preparato mescolato con farina e un po' di sale lievitava l'impasto di farina chiamato pane, a secondo la quantità, di farina gli davano tante porzioni,   a ballottino di lievito per poi restituirli assieme al pagamento di pasta per cucinarlo. Un'ora prima che il pane si lievitava facevano infuocare il forno che quanto era pronto si vedevano le stelline dentro, e se il pane era  lievitato, buttavano tutta la cenere fuori dal forno che era riscaldato, a paglia o a legna quanto ce l'avevano, la legna serviva  per cucinare i pasti, non esisteva  ancora il gas.

Forno, pulito e poi mappato con uno straccio umido, si pungeva il pane e si infornava subito per non fare raffreddare il forno. Si chiudeva la porta di metallo, apposita, imbastava della cenere per sigillare tutto attorno ermeticamente, per un'ora circa, si guardava se il pane era cotto, se era pronto si sfornava, e la parte mia veniva attivata, la consegna del pane ai clienti, in giro per tutto il paese 5 o 6 o più  sfornate al giorno, ogni giorno la stessa  cosa per 7 giorni ogni settimana, e mesi ,e anni, una vita da cani, tutti i santi giorni.

Mi mettevano, una coffa, così chiamata, piena di pane caldo che mi faceva scottare la testa, faceva freddo, caldo, pioveva o vento non c'erano scambi dovevo portare il pane ai clienti subito, caldo, caldo, io e  mia cugina Cecina. Lei andava piano, era lenta come una lumaca, la rimproveravo sempre, che io facevo tre volte ed essa una la rimproveravo perché parlava con i clienti e non tornava mai, questo andava avanti tutti i giorni. Un giorno decisero che la consegna del pane la facevamo separata, una sfornata a testa, così ognuno quando finiva era libero.

A sei anni comincia la scuola, non più a pagamento, questo lo fece, Mussolini per tutti. In generale la scuola, a fine lezione ci davano della minestra, pasta e fagioli a tutte le persone povere, quasi lo erano tutti nel paese allora.

Io quando finivo la scuola alle ore 12,30 andava a fare la prima consegna del pane, alle persone in casa quando finivo, facevo i compiti.

Un giorno mi comprarono una cosi chiamata [coffa], un cesto di crino che mettevano dentro 10 pani da un kilo, finita la consegna mi sono messo a giocare con altri bambini come me e in un attimo mi hanno rubato il cestino non nemmeno di 5 minuti al ritorno che non aveva più la coffa, mi hanno riempito di botte, avevano una cintura larga 6-7cm ,doppia 2 cm di spessore, con questa mi punivano, quando sbagliavo questa era il metodo usato, pure a scuola. I maestri, quando non ubbidivi, usavano lo stesso metodo, la cintura. Io prendevo tante botte pure a scuola, era il modo per insegnare ai bambini dell'epoca. Prendevi botte dappertutto, in casa e a scuola.

## IL BRUTTO PORCO O MAIALE.

Ogni tanto per caso ci davano una giornata libera, era la cugina che portava tutto il pane ai clienti quel giorno e poi ero io all'indomani a fare la consegna tutta la giornata.

Finita la scuola, vado a casa che c'era la nonna Felicia, la mamma di papà, arrivai a casa non c'era nessuno, e al pianterreno, era come una cantina lì c'era tutta la legna per cucinare, galline e un maiale, per le salcicce a Natale che gli davano tutti i rifiuti del forno, non era tanto ma quando lavavano gli arnesi del forno, l'acqua conteneva della farina, la mettevano in un cerchio con dalla [caniglia] ,la crusca e farina si dava al maiale e alle galline per le uova, per loro era un lusso quando mangiavano. Un uovo questo era un bene di Dio quando te lo davano.

Le galline erano separate dal maiale per non mangiarseli, le tenevano sotto la scala di entrata che andava sopra, al primo e al secondo piano. Come dicevo trovai la casa chiusa, per liberarmi della borsa della scuola, nella porta della cantina c'era una finestra per entrare l'aria, unica che ventilava ed entrava l'aria, vicino alla finestra c'era un chiodo perché non potevo entrare, ho attaccato la mia borsa della scuola lì e sono andato a cercare la Nonna. Questo brutto porco maiale mi fece la festa, raspando con il muso alla porta, il laccio della borsa si rompe e mi mangiò tutti i libri e quaderni, ha fatto una vera festa, li fece a pezzettini tutti e mi rovinò la giornata.

Papà era in carboneria in Sardegna. Lavorava in miniera, estraevano il carbone. Per guadagnare qualcosa per noi.

Quando trovai la nonna e ritornammo a casa vado a prendere la borsa della scuola appena aperto la porta, vidi che i miei libri erano a pezzi, borsa, quaderni, libri, erano a pezzettini.

La nonna disse: "Dio, la Mamma ti ammazza, ora che glielo dice quello che hai fatto? Come farà la mamma a comprare di nuovo i libri? Come facciamo? Sei nei guai davvero. Io non posso aiutarti". Poco dopo arrivò la mamma e vide i miei libri,

"Ma sei matto brutto incosciente? Io ti punisco!" Per prima mi dà botte, e poi mi mette con le galline nel sotto scala, pieno di cacca delle stesse galline, e poi alto non più di 80 cm, d'altezza, tutto sporco puzzante e buio. "Vai dentro ora che hai dato i libri al porco!" "No, mamma è stato un incidente, credimi!"

"Tu hai fatto questo e io ti punisco, per ora con le galline, domani in miniera con i tuoi cugini, così impari a dare i libri al maiale come te, non più scuola, alla miniera, così vedi come si guadagna il pane! Lo mando a dire a tuo padre ora, lo devono sapere tutti che sei un porco e io ti metto con lui, questo è quello che ti meriti!" Mi mise con le galline tutto il pomeriggio ed io con un pianto angoscioso: "Sei tu cattiva, è stato solo un incidente, non è colpa mia se si è rotto il laccio, era per non portare i libri con me, credimi!" "Piangi lì con quelli uguali a te, non ti credo più. Io mi levo i soldi di bocca per comprare i libri e tu li dai al maiale come te, ora piangi devi imparare, la responsabilità è tua. E tu non negai davvero. Io non posso più comprarti i libri, ora tu vai in miniera e vedi come si [scutta lu pani] guadagnano i soldi con sudore. E tu non lo sai, ora vedi cosa si fa per guadagnare qualche soldo, lo vedrai subito. Per sera mi tirano fuori del casalino, così chiamato, arrivano due miei cugini, figli della sorella, uno più grande di me ANGELO, che è morto giovanissimo, l'altro NINO un anno meno di me.

"Ora tu ci farai compagnia tutti i giorni in miniera, vedi che ti divertirai come ci divertiamo noi. Vieni con noi." Mi portano con loro in una [ poti] così chiamata.

Un negozio adatto tutto per la miniera, una specie di ferramenta, mi misurano, io non ero più di 80 cm, tagliarono un pezzo di tela molto robusta e pesante e formarono un vero sacco, con il wine cioè un laccio sopra per chiuderlo circa 50 cm di altezza 40 cm larghi. "Questo va bene per te" mi dissero. Poi mi prepararono la testerà quasi un cuscino con una cintura che passava per la testa per fermarla sopra le spalle per non fare male il sacco pieno di pietre. "questo va bene" , ha detto, "tutto è finito", "Ora portalo a casa e vai a dormire, domani mattina alle 4 Am ti deve alzare, mangi qualcosa e fatti trovare pronto alle 5am. Si comincia a lavorare alle sei in punto, stai attento a non fare arrivare tardi anche noi, se no sono guai per tutti, hai capito? Vai a letto, buona notte bella, a domani. Vedi che ti divertirai ciao [CARUSO]".

La mamma mi preparò due pezzi di pane con provolone e una bottiglia d'acqua per l' indomani. "Vai a dormire, alle 5:30am devi essere pronto, alle sei cominciate a lavorare e finite alle quattro pm." Lei pratica dai suoi fratelli, mi mette a letto, mi bacia e la de la buona notte. Io nel letto pensavo come la mamma poteva fare tutto questo a me, mi abbracciò dopo di tutto ero ancora un bambino di sette anni. "Mi stanno facendo uomo ma mio cugino Nino ne ha solo sei, mah vediamo come va, " pensai. Mi addormentai, la sveglia suonò subito, la mamma disse: "Dai alzati", mi aiutò a vestire, mi fece un uovo fritto, un po' di caffè e arrivarono i miei cugini, mi dissero: "Dai sei pronto? Dobbiamo andare subito, siamo già in ritardo" e ci siamo messi tutti e tre a correre fino alla miniera.

# I TRE CARUSI

Davanti la miniera c'era una lampada acetilene ;[questo lo spiego dopo come funziona ]; mio cugino Angelo il più grande, si mise in mezzo con la lampada, Nino corre per primo, io per ultimo, "Dai via, andiamo di corsa" quasi 600 metri era tutto piano con un piccolo binario 60 cm largo lì camminava un carrello con 4 ruote, sopra un vagone a forma di una grande V, spinta da un operaio, arrivati, nel così chiamato luogo, c'erano dei muretti di pietra in secco a due metri di distanza, formavano chiamata sella ce ne erano almeno 20 di questi vani,

Angelo mi dice "questa è tua, tu metterai il tuo zolfo lì, questa è nostra noi partiamo assieme con NINO, adesso andiamo da mio padre" e via di corsa, si camminava sempre di corsa, una via tutta a salire o a scendere, gradini a salire girare a destra o a sinistra, scendere o salire, tutto buio, tutto buchi e spazi e buche da tutte le parti, tanti spazi enormi vuoti, cosa mai vista, luoghi da far paura a chiunque, pensate a un bambino e poi un caldo da morire si sudava su tutto il corpo. Arrivammo ad un altro luogo, dove c'era lo zio, Angelo. che ancora io non avevo visto, con altre tre persone tutte quasi nudi, con mutande e una specie di tovaglia attaccata intorno a coprire il privato e asciugare il sudore.

Lo zio disse: "Siete già in ritardo, su spogliatevi, tenete solo le mutante" e cominciammo a lavorare subito. Io aveva tenuto le scarpe, "Su levate le scarpe, si va a piedi nudi qui, hai capito? E si corre sempre e si obbedisce, se non vedi questa cinghia? Io ve ne darò tanti che vi farò svegliare con le botte, ora incominciano; dovete fare trenta viaggi: dieci alle nove, ci fermeremo per trenta minuti, altre 10 a mezzogiorno, ancora altra mezz'ora, e altri dieci viaggi e poi andiamo a casa, avete capito? Se fate prima, ne andiamo via prima, se non andiamo via dopo, si devono fare 30 viaggi ogni giorno è tutto chiaro? e ora si comincia!"

Il sacco che mi aveva comprato lo riempì di pietre e pezzettini, poi i miei cugini li facevano pieni, lo mettono sulle spalli e si va via sempre a correre per circa dieci minuti di correre, la mia schiena si spezzava con il peso mi dava tanto dolore.

Si arrivava in un posto preparato apposito, ognuno di noi si appoggiava sopra un muro per solo un minuto, e si continuava, altro muretto, per 4 o 5 volte, sempre a correre, si arriva al luogo e li si svuotava il sacco pieno, che per arrivare lì la schiena era rotta e spezzata di dolore, lì trovammo altri bambini come noi, tutti piangenti, come noi avevano la schiena a pezzi, sentivi: "Ahi, ahi, o Dio, io muoio, muoio!" Tutti uguali, un grido tutti, straziante, pieni di dolore, Io volevo gridare, su un attimo, deve correre di dietro, per loro che erano già pratici era ok, io morivo di dolore, con il primo viaggio, pensate fino alla fine del giorno, scalzo, tutto sudato e pieno di dolore quasi una tortura vera e propria, per tutti, centinaia di bambini, tutti come noi questa era la punizione che mia mamma diceva, che mi meritavo davvero? Ma questo io non lo meritavo.

Questa tortura me l'ha dato, solo per quel brutto porco maiale. Mi portano a soffrire tutto questo dolore, ma sono tutti matti dicevo a me stesso mentre correvo piangente e pieno di dolore. Volevo morire ma come si fa a morire! Ti fanno solo morire di dolore, ci fanno penare queste signori. Ogni viaggio lo zio ci diceva che facevamo tardi e ci avvertì che se non facevamo più velocemente, lui ci dava [cintirinati] così chiamati e lo zio incominciò a darcele davvero con la cinta, nelle gambe, nelle spalle dappertutto, a parte il dolore del peso sulle spalle pure le botte e i mie cugini accusavano me "E colpa tua, corri o ti meno io, corri con noi, hai capito? Devi stare con noi, sempre vicino se no ti lasciamo al buio solo, oro devi correre con noi per non prendere più botte per te, devi correre, Hai capito?"

Questo era la storia di tutti i giorni ogni viaggio. Per tre giorni, al quarto giorno, prima delle 9, io non ce l' ho fatta più e dico ai miei cugini: ",Io me ne vado a casa voi ritornate da vostro padre senza di me, io me ne vado adesso, subito!" E i miei cugini: "Ma non puoi andare solo, non hai luce, come fai a uscire? E poi tua madre ti ammazza, stai con noi su". "Io vado fuori da solo, Dio mi aiuterà, spero. Voi andate se no prendete ancora botte  per me ciao e buona fortuna".

## ESCO  DALLA MINIERA DA SOLO

"Io vado fuori da solo" e così feci. Appena loro se ne andarono, io non vedevo più nulla, un buio totale, nero. Solo sapevo in che direzione andare, incomincio a camminare appoggiandomi alle pareti, quando c'erano, quando c'era il vuoto cadevo a terra, mi alzavo, continuavo, non so come, trovavo di nuovo la parete, "Dio ti ringrazio" e di nuovo vuoto e a terra, la stessa  cosa, fino a che arrivai a vedere la bocca della galleria, una piccola luce  lontana, pensai: "O Dio ti ringrazio! Sono salvo, sono salvo ora", poi un vero pericolo, se veniva il vagone che portavano lo zolfo grezzo  fuori alla fornace che estraevano lo zolfo  naturale.

Io ancora ero vivo, incominciai a correre, vedendo che direzione andare ero salvo. Quando arrivai fuori erano le dieci del mattino, a quella ora il sole in Sicilia splende con tutta la sua brillantezza, arrivai fuori avrò guardato il sole forse, e a un tratto io non  vedevo più  nulla, di nuovo mi sono messo le mani e coprii gli occhi, e un dolore venne nei miei occhi, un dolore pazzesco mi sono messo a gridare: "Oh Dio sono cieco!

Ma no questo".  Mi sono buttato a terra a piangere, non vedevo più, non potevo levare le mani davanti ai miei occhi, mi facevano male e li coprivo di nuovo, gli occhi mi facevano tanto male, pensavo  che mi avesse accecato davvero, piangevo e gridavo, ma che ho fatto per arrivare a questo, ora sono pure cieco ma perché tutto a me? Ora cieco pure. Io mi ammazzo io non posso più andare  avanti cosi, Dio fammi morire tutto questo e troppo per me! Ora basta io mi ammazzo!" Per circa mezz'ora non potevo scoprire o aprire gli occhi poi piano, piano, incominciai a vedere, le mie mani poi i piedi, ma no di fronte a me, "Oh Dio ti ringrazio vedo di nuovo, un po', ti ringrazio davvero sono salvo, sono vivo di nuovo, incominciai a vedere piano, piano, vedevo vicino i piedi così mi sono alzato e incominciai ad avviarmi per andare a casa ad affrontare la mamma

Mentre camminavo la mente mi faceva pensare tante cose: "Papà non c'è chi mi può aiutare? La mamma non mi vuole bene, mi odia tanto, mi faceva morire quasi ma perché ce l'hanno tutti con me? Che ho fatto? Sono solo un bambino e io non ce la faccio più, mi ammazzo se ancora mi trattano male come hanno fatto, io mi uccido davvero! Oh Dio aiutami, solo tu puoi aiutarmi, solo dammi la forza che ne ho bisogno tanto, ti prego aiutami!" Mentre camminavo dovevo coprire i miei occhi con le mani per non vedere il sole che a mezzogiorno il sole in Sicilia picchia forte. Ora tutti immaginate un bambino tutto solo, questo era dramma, ero davvero un bambino non più di 7 anni e il sole mi dava alla testa, tutto quello che aveva passato. Arrivai al forno e trovai tante persone assieme a Mamma e zia Filippa, la mamma appena mi vide disse:

"E tu cosa fai qui? Che cosa è successo? Le miniere sono sempre in punto di brutte  notizie, ad ogni  momento e tanti sono morti.

Io risposi "Non è successo nulla, sono solo scappato e sono qui, domani tu mandami a scuola, se non lo fai e ancora mi odi e mi disprezzi io mi ammazzo te lo giuro, e tu devi ricordarti di quando ero con la testa rotta, che quello che dico tu sai che lo faccio, o tu mi mandi a scuola di nuovo o tu mi avrai morto, se è questo che desideri ma io voglio ritornare a scuola, non voglio essere come tutti voi analfabeti e ignoranti, io voglio continuare la scuola da domani."

La mamma mi prese in braccio, mi strinse e mi baciò. "No, io ti voglio bene, oh Dio sei sudato, affannato, tutto rosso, se ti mando a scuola domani e ti compro i libri di nuovo giurami che non li darai di nuovo al maiale. Io ti perdono, ora lavati e riposa sei troppo stanco, calmati e dimentica tutto ora".

Mamma dimenticò tutto mi perdonò, io non ho potuto dimenticare quei tre giorni, li ricordo sempre fino ad oggi, non è facile dimenticare quello che vidi e passai, facevo sempre di tutto per farlo ricordare pure a  lei quello che mi fece passare lì sotto in miniera, mi hanno inflitto dolore, pianto, tortura e pericolo di morire quasi. Non si può dimenticare, credetemi il pianto e la tortura che vidi la sotto, ricordo sempre tutti gli altri bambini, con i miei cugini il dolore che passarono e sono rimasti lì soffrire  per tanti anni ancora e poi quanto erano grandi avevano la gobba e la testa avanti, gli avevano deformato lo scheletro  con il peso, ce n'erano decine di gobbi nel mio paese, oltre la tortura gli rovinavano la vita.

Questo era lo sfruttamento dei minori, allora era la vita quotidiana per tanti bambini nel 1937. Questo era quello che passava la dittatura, lo sfruttamento di bambini, che ancora dovevamo crescere, li massacravamo di botte e lavori forzati come prigionieri o di più, mi chiedo ancora oggi ma che colpa avevamo noi se loro erano poveri? Ma perché ci facevano nascere? Non era meglio farci morire alla nascita?

## MIA CUGINA CICCINA SI SPOSA

Con la cugina CECCINA facevamo assieme la consegna del pane. Io ero cattivo e lei tanto buona e sincera, a prendevo sempre in giro e a volte la picchiavo che andava sempre piano, nonostante tutto era bellissima, a volte mi dicevano mamma e

Zia Filippa che se fossi stato bravo me l'avrebbe data in sposa. Io dicevo che era una scema sincera, allora un'altra larga usanza, facevano i matrimoni in famiglia, cugini e cugine, zie e nipoti, erano tutti matti. Per dire che non andava per me, che faceva sempre le cose lente, a me diceva che ero sporco, cattivo e la maltrattavo. Tutto questo fino a quando mio papà mi portò a lavorare con lui. Poi cresciuti, fino ad oggi ci siamo sempre voluti bene davvero non come cugini ma come sorella e fratello, ma chissà forse a lei non sarebbe dispiaciuto sposarmi!

Quest'usanza a fare sposare fra cugini io l'ho sempre odiata da quando ero piccolo, non lo farei mai, una parente non si può sposare, è lo stesso sangue e non è giusto secondo me, e poi noi siamo cresciuti insieme, per me una vera sorella. Come dicevo, una bellissima donna davvero e a volte miei amici volevano che li aiutasse a farli conoscere ma io li mandavo al diavolo, gli dicevo che non erano abbastanza uomini per lei... Si sposò giovanissima, a 18 anni o meno.

## MIO PAPA' LE REGALO' IL VINO PER IL SUO MATRIMONIO.

La Mamma e Zia già avevano finito da fornai dopo tanti anni, ma come sorelle erano sempre unite, in tutto. Sposando la cugina che era come una figlia, la Mamma era lì ad aiutare al matrimonio. Io ritornavo a casa e sentivo in cantina dei lamenti erano Mamma e Zia, appena mi videro dissero: "Ma come si fa? Stiamo passando il giorno qui a prendere il vino!

Oh Dio, come esce lento! Ma quando finiamo qui ci vogliano giorni? Noi non ce la facciamo più!", avevano appena riempito un fiasco, e ce n'erano tanti ancora da riempire. Io vado sotto il vino, corre a filo di capello dalla botte, "ma quando ci vuole per prendere il vino come facciamo?"

Io risposi: "Voi due siete stupide, ignoranti, dormite sempre con la mente! Se non c'e aria dentro la botte, il vino non esce, basta solo levare il tappo e il vino esce a pressione perché la botte é piena!" Avevano dei grandi fiaschi da dieci litri, allora l'unico recipiente per portare il vino. "Datemi questi fiaschi a me e vedete la vostra ignoranza quanto è grande!" Levai il tappo, appena girai la canna del rubinetto il vino uscì a tutta forza in alcuni minuti tutti i fiaschi erano pieni, era fatto tutto, loro si guardavano stupiti, la Mamma:

"Dimmi come fai sapere che ci mancava l'aria". "Prima la scuola e poi la testa bisogna saperla sempre usare, se la sai usare hai meno guai sempre" risposi.

Sapete alcuni anni fa mia cugina fece il cinquantesimo, anniversario, mia moglie e io siamo andati alla festa, una bellissima festa e abbiamo ballato insieme dopo più di 50 anni, finiti di ballare, andò da mia moglie e le disse: "Non credo che tu sia gelosa perché ho ballato con tuo marito? Noi da piccoli eravamo tutti i giorni assieme, lui mi voleva sposare quanto era grande e io non lo volevo perché era cattivo con me, è ancora cattivo con te?"

Mia moglie rispose: "Prima non sono gelosa di te, e poi se è cattivo vi ci avranno fatti i vostri genitori! E tutti ci siamo fatti una bella risata, con tutti i suoi quattro figli, tutti maschi. E il marito disse: "Vedi come passa il tempo? Eravamo bambini e ora siamo vecchi!" Lei mi spinse e mi disse: "No tu sei vecchio!".

"Io ora comincio di nuovo a litigare, ricordi?" le dissi, e lei: "Si che ricordo, ma ora non mi farai più piangere vedi quanti maschi ho intorno che mi difendono?"

E ancora un'altra risata. "Non oserei mai più toccarti erano altri tempi brutti e balordi ed eravamo bambini." E così per natura passano le brutte cose, passa la vita e ora siamo qui a raccontare il male e il bene, questa è la vita di tutti noi in questa terra.

## LA LUCE ELETTRICA ARRIVA NEL MIO PAESE

Fino ad allora si usavano in tutte le case tutti tipi di luce inclusa la mia. Nelle case c'erano: candele di cera, lampada a petrolio, lampada ad acetilene, gas e lo spicchio ad olio, ecc.

Il giorno che arrivò la luce, in una piazza, davanti alla chiesa piantarono un palo e poi attaccarono una lampadina da sessanta o più. Appena arrivò la sera, accesero la luce, uno stupore mai visto, per la prima volta ci si vedeva in faccia.

"Guarda che sei brutto o che sei bello? Io ti vedo, oh Dio che è bello rotto il paese, era lì a fare festa, suonavano con tutti gli strumenti che avevano, si ballava, si mangiava, si beveva e si cantava tutta la notte per celebrare la Novità .Era meraviglioso vedere meglio alla sera, tutti  pieni di gioia per la novità, celebrare arrivò della  nuova luce. Un avvenimento storico.

L'energia elettrica davvero fu un avvenimento storico, cambiò il mondo intero in pochi anni e lo fece quello che è oggi.

E diede il via alla nuova tecnologia, fu chiamata la prima rivoluzione industriale, era il decimo 30, Io ancora non ero nato ma era così duro che ne parlavano sempre per anni e anni.

Da lì cominciarono le prime fabbriche e bisognava forza umana.  Operai, prima solo le campagne potevano lavorare un po' di persone, occasionale, ma ora era diversa una rivoluzione quasi, se trovavi, un posto era per la vita. Ce ne volevano a centinaia in ogni fabbrica, poi per tanti e per le donne, fabbriche di bricchette, di tessile, di panni, incominciano tutto ovunque arrivava la luce, davvero dava luce su tutto, arrivavano macchine di ogni genere, fino a che la guerra ferma tutto e le fabbriche le convertirono per fare armi e  moto, tutto per la guerra lunga.

Dopo che arrivò la corrente nel paese, chi voleva, poteva far domanda per allacciare una lampadina da trenta watt, a presidenza, a [froffre ] la chiamavano, a pagamento fissato ogni mese. Lo accentavano loro la sera a tutti e la spegnevano al mattino, di giorno non ce n'era, noi avevamo due piani il piano di sotto era illuminato sopra no.

Io ero un bambino di sei anni circa, ero curioso da piccolo, guardava e vedevo come facevano quando attaccavano una lampadina, mi dava alla testa ogni giorno. "Lo devo fare pure io voglio portare la luce sopra, ma come non ho nulla, che mi serve?" Accanto a noi c'era una bottega e vendeva tutto per la luce, era una novità e tutti compravano per fare un impianto.

Io prendo la taglia per segnarlo, loro mi conoscono bene come vicini avevano fiducia in me, mi diede 15 metri di filo di luce, lampada e porta – lampada. E mamma voleva due aghi per cucire. Avevo tutto quanto, papà teneva tutti i ferri con la bici, un giorno libero forse vado a casa dopo scuola e incomincio il mio lavoro, attaccai la porta - lampada, il filo, lo attacco al soffitto, il filo scendeva un po' sul tavolo. Attacco la lampada, poi porto il filo sotto, dove che entrava il filo della luce, metto il mio filo vicino a questo e infilai un ago, tutte e due poi l'altro filo ora, era tutto fatto, c'era da aspettare la sera che viene la corrente, non lo dissi a nessuno di questo, eravamo a tavola quasi cercavano di accendere la acetilene a gas e arriva la luce, la casa si era tutta illuminata, una sorpresa per tutti, "ma come arriva qui questa luce" si chiesero tutti sorpresi e guardavano tutti me, "ma come hai fatto?"

"Io non so nulla" papà mi chiamò "vieni qui ora è bello avere la luce, ma lo sai quanto è pericolosa la corrente? Ti può uccidere, non è uno scherzo, tu non toccherai mai più questo, vero?" "Si papà" "Ma come sapevi fare tutto"

"Ma lo vidi fare a loro" "sei bravo ma non fare mai più queste cose se non lo dice a me se lo fai ti punisco, hai capito?" "Si papà" risposi. Dopo qualche anno vennero a mettere dei fusibili e interruttori, noi levammo tutto via, nessuno ha visto nulla che noi avevamo la luce sopra, ora si accende e si spegne che ora arrivava pure il giorno la corrente io non mi levavo un minuto da vicino a loro, mi mandavano via, dicevano: "Noi dobbiamo lavorare, mica ti vorrai fare elettricista?" Io: "Ma chi lo sa, mi piace" "Allora guarda!".

Appena sono andati io ero per mettere sopra l'interruttore, "come faccio me lo hanno proibito! Ma ora ci sono i fusibili e non è pericolosa ma lo devo finire il lavoro se no la luce resta accesa sempre, devo farlo".

# QUANDO SI DEVE TERMINARE UNA COSA, NON C'E' PAURA CHE FERMA

Dovevo finire quello che incominciai vado a comprare un interruttore e iniziai a lavorare, dovevo farlo prima che se ne accorgevano, non era una cosa facile per un bambino, per alcuni giorni non riuscivo a farlo, saltavano sempre i fusibili ma ho vinto io, ora era tutto ok, funzionava perfetto, lo attacco aspettiamo alla sera per la luce e le conseguenze, da bambino mi sono assunto tutta la responsabilità. Non c'erano elettricisti ancora, solo quelli della ditta, nessuno aveva mai visto la corrente pure mio padre che come me sapeva fare tutto ma non ci pensava mai di fare qualcosa del genere, se lui diceva che nulla è impossibile solo difficile. Io ci credevo davvero era difficile, ma lo feci, e fui bravo a farlo, che fanno due botte ne avevo avuti tanti questi con gli altri, tutti mi congratulavano ma mi avvertivano.

"Papà ti ammazza" Io so qui, arrivò mio padre e vide che io ho disubbidito "Ma non capisci che la luce ti ammazza? Voi che lo faccio io? Ti devo punire perché non mi hai ascoltato davvero ti dovrei ammazzare di botte, ma hai fatto una cosa buona vai solo con le galline tutto il giorno"disse mio padre. Un paio di schiaffi, mi accompagnò in prigione con le galline mi ci mettevano sempre per punirmi quando sbagliavo, dentro era basso non ti potevi alzare, non ti potevi sedere con la cacca, la puzza, davvero era duro ma quasi sempre piangevo quando mi mettevano lì, in questo caso io non ho pianto mi sentivo lieto di quello che avevo fatto e sentivo che pure papà era fiero di me, ma era costretto a punirmi, perché disubbidito, mi tennero un po'più di un'ora e mi tirarono fuori. Mi disse: "Ma perché non l'hai detto a me lo facevamo insieme, non fare più così, mi fai fare cose che non voglio, ma tu non obbedisci mai io sono fiero di te ma non così e mi abbracciò.

Adesso avevamo la luce sotto e sopra, ma la legge era una ogni casa e qualcuno vedeva la luce in due posti, sotto e sopra e avrà fatto la spia. Una mattina ero solo e già pronto per andare a scuola e bussano alla porta, apro per vedere chi era e vedo l'ispettore della luce del paese bene conosciuto, cattivo.

Lo chiamavano il signor NAPOLI era amico di papà, giocavano sempre a carte al bar e papà lo vinceva sempre quasi. Vedendo lui in quell'ora io già sapevo che voleva. Aperta la porta e vedo lui l'ho subito chiusa di nuovo, da dentro le dico cosa vuole, sono solo, devo andare a scuola , "fammi entrare, devo controllare" mi disse, "ma io non posso farlo entrare sono solo e pronto per andare a scuola e se non vai, io faccio tardi", "No io devo entrare" e voleva entrare ma lei non entra se non va io grido devo andare a scuola va via ritorna quando ci sono i miei, vada mi ha fatto fare tardi già. Apri, dai apri. E vado sopra di corsa, svito la lampada e la porto in cucina e la metto sotto la cenere che si aveva fatto la sera prima cucinando il cibo.

Mi giro e mi fece spaventare, lui era li vicino al tavolo guardava il filo, mi misi a gridare: "AIUTO", forte, "aiutatemi qualcuno mi AIUTI" lui: dov'è la lampada?" "Lei è matto" "Dimmi dove l'hai messa" "se non va io grido di nuovo, io non ho messo nulla, guarda e sparisci lo dirò a papà stasera", lui: guardo i cassetti e in giro, io "lei se non va subito io grido dalla finestra" "ma guarda questo bambino ha le corna mi vuole fare fesso" ed io andai ad aprire la finestra. "Ora grido di nuovo" e lui se ne andò quasi matto parlava da solo, "ma guarda un po' questi bambini nascono con le corna!" Io gli volevo dire che lui davvero aveva le corna, da qualcuno aveva una moglie che davvero la volevano tutti di quando era buona.

Fine primo capitolo.

# Capitolo secondo

**Mio Padre era un illetterato, ma quasi un genio.**

Lo chiamavano Mastro Cicco, Maestro Francesco.

Aveva una mente sana e potente da vero unica.

Sapeva esercitare tanti mestieri, come il pittore, sapeva aggiustare orologi, faceva il muratore, il falegname e il commerciante. Era un buon chitarrista, cantava e sapeva sapientemente fischiare. Era un solista, di solito si accompagnava da solo. Tutte le canzoni che uscivano e sentiva erano riprodotte con il suo gruppo da tre persone, lui alla chitarra, Nino il più giovane al clarinetto, lo zio Onofrio al mandolino.

Facevano tutte le feste del paese, matrimoni, battesimi e altre occasionali, come le serenate agli innamorati. Veniva svegliato di notte a volte per le serenate sotto i balconi delle ragazze amate e veniva per ciò ricompensato al mattino con cibi e vino di qualità. Amava bere, una sera, dopo che era andato a letto avendo bevuto molto si alzò per liberarsi fuori dalla finestra. Di mattina presto, i vicini contadini alzati per andare a lavorare, uscendo all'aria fresca sentivano una strana puzza di vino. Papà ancora alla finestra per rianimarsi si sentì dire dal vicino di casa: <<Mastro Ciccarè! Com'è che cosi presto travasate vino, che fretta c'è, aspettate il giorno che vedete meglio quello che fate>>. Non si era accorto che era lo stomaco pieno di papà che travasava il vino!

Costruiva ballatoi e piastre per balconi, scalini in cemento armato che erano poi levigati a mano da lui. Un lavoro duro anche il suo, le sue mani sempre con le pietre smeriglio immerse nell'acqua per giorni, per fare esaltare tutti i colori del granito, piccole pietre impastati con il cemento una fatica pazzesca, allora senza macchine, era tutto fatto con le mani per giorni a raspare pietre. Oltre a lavorare direttamente papà era anche impresario. Faceva il capo squadra con tante ditte, nelle Ferrovie dello Stato, dove anch'io ho lavorato con lui. Tutto questo è quello che io so di lui, per quel poco tempo che passai con lui nella mia vita d'infanzia finché sono andato soldato di leva obbligatoria.

Mio papà era un uomo alto di statura, robusto, simpatico, con un senso di umorismo spiccato, era stimato da molte persone e in molti lo volevano bene davvero. Persone di alta cultura e distinti personaggi del paese lo apprezzavano per le sue battute scherzose, si faceva amare da tanti per davvero.

Il nonno Salvatore per lui porto il mio nome, io non l'ho conosciuto, morì prima che io nascessi, mi raccontavano che gestiva un negozio di proprietà che gli offriva da vivere. La nonna mise al mondo oltre papà anche zio Bernardo e zia Peppina pure lei con il marito morto giovane, lasciata con sette figli tutti piccoli. Ricordo sempre che la nonna abitava sempre con noi, donna altissima e bella sempre colorita sulle guance e con labbra rosse naturali.

Qui siamo tutti in famiglia, Nonna Lisa con i nipotini e i propri genitori. Sentirsi chiamare dai nipotini Nonno Toto è piacevole, bello sentire che qualcuno ti vuole ben" Love Theme".

Altre foto di momenti felici!

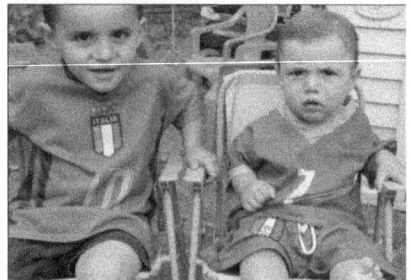

# Che Sono Io?

Io sono un emigrato come tante migliaia o addirittura milioni di persone nel mondo. Sono un'ordinaria persona come tutti gli altri in giro nel mondo.

Mi Sento umano e generoso. Ho sempre aiutato molti, specie parenti, nel meglio della mia possibilità.

Aiutare è bello, soprattutto chi ne ha bisogno. Dovremmo farlo tutti, come umani nel Mondo. Ma non è cosi, purtroppo. C'è tanta gente che ancora soffre di fame, fanno molto pena, io li ho visti di persona, ce ne sono tantissime.

Ho avuto una vita durissima e piena di problemi quasi ogni giorno, ma chi non cena con i problemi? Sono determinato nel risolvere i miei problemi, sempre. Non dovremmo mai arrenderci a qualunque cosa, i problemi esistono per essere risolti, occorre vincerli. E' il mio atteggiamento di sempre, affrontarli per abbatterli tutti.

Io non sono un filosofo, né scrittore, né dottore, intellettuale o letterato che sia, tanto meno sono un matematico. Sono un ordinario, uno come tanti altri. Ho però una grande voglia della vita e di viverla, andando sempre avanti. Leggo tutto quello che mi capita, sempre, m'istruisce, mi aiutano a capire meglio la situazione, mi aprono la mente per portare in porto tutti i miei obiettivi, con determinazione, sempre, grande o piccola, difficile o facile, qualunque essi siano. Non avrei pace se non arrivo in porto. A volte è dura, ma se ci mette con tutta l'anima e, la volontà, la passione, si fa tutto o quasi. Tutto quello che io so oggi, è stato frutto della mia instancabile ricerca di sapere; papà mi ha aiutato poco in questo, anzi, molte volte aiutavo io lui essendo non per sua incapacità non letterato. La sua conoscenza era basata sulle tante delle cose tramandate a voce da generazione in generazione, così è stato per secoli. E' si può dire che la conoscenza era trasmessa come un racconto di un romanzo letto di padre in figlio. Lui mi ha insegnato a lavorare.

Ho frequentato solamente quattro anni di scuola elementare, poi da sempre ho dovuto cavarmela da solo come un cane. Se volevo sapere, dovevo imparare da solo, direttamente dai libri, senza che qualcuno poteva aiutarmi nel capire se ciò che imparavo era giusto o sbagliato.

Leggere è diventata pertanto la mia passione e devo tutto ai libri che ho letto e che leggo continuamente ancora oggi. Oggi ho anche più tempo che non avevo mai prima. Oggi mi addormento sui libri. Il mio comodino è sempre pieno di libri di ogni genere, la notte se mi salta qualche pensiero interrogo un libro adatto al problema e subito mi dice tutto quello che voleva sapere. Mi domando sempre come sarebbe stato il mio futuro se mio papa mi avesse fatto studiare come tanti fortunati l'hanno fatto.

Mi sento però senza alcuna presunzione una persona ingegnosa. Adesso vi spiego perché. Quando deve fare una cosa, ci penso sempre molto prima di agire. Scelgo infine tra le molte cose pensate quella che mi appare come la migliore. Fare sempre delle buone fondamenta, prima, per costruire solidamente dopo, questo è tutto!

Studiare è bellissimo, ti da conoscenza, studiando riesci a saper tutto quello che tu voi sapere, ti da carica, forza, gioia, soprattutto quando riesci a conquistare da solo il porto. Certo non dimentico che l'aiuto mi è offerto da chi ha scritto il libro letto. Apprendere è un cibo che il cervello desidera per darti poi le soluzioni per affrontare la vita. Studiare ti fa sentire pari a tutti, ti evita quel sentimento d'inferiorità quando ti trovi davanti a persone che sanno. E' proprio attraverso lo studio che si comprende che gli esseri umani sono alla pari come dignità. Avvocati, dottori, ingegneri diventano specialisti di materia e non più essere superiori che t'intimoriscono con il loro sapere. La mia fortuna o prosperità la devo solo alla mia caparbietà, Non ci sono stati miracoli nella mia vita, l'unico miracolo lo deve cercare dentro me stesso. Dal cielo non arriva certo aiuto materiale, il cielo ci dice che sono le nostre braccia e la nostra mente ad aiutarci nel successo della nostra vita. Se sai cosa seminare allora raccoglierai il frutto meritato. Non conosco altre strade per la via del successo. Devo alla mamma e forse di più alla mia caparbietà (come ho raccontato prima) la capacità di leggere e scrivere. A lei devo dire grazie per avermi dato la possibilità arrivare alla quarta elementare.

In quei tempi non esisteva l'obbligo di legge per la scuola, i genitori erano liberi di fare quello che volevano dei loro figli, se mandarli a scuola o al lavoro per bisogno economico, allora nessuno pensava di mandare i figli a scuola come un dovere educativo culturale. Pochi si rendevano conto delle conseguenze che portava la mancanza d'istruzione e del peso inflitto ai bimbi per il lavoro pesante che erano costretti a fare. Noi, ragazzini di allora, vivevamo nella società che poi gli studiosi chiameranno di padri e padroni. Poi arrivò il risveglio delle menti dormienti. Allora si capì che la scuola dava prosperità per i propri figli. Fu così che tutti incominciarono a fare studiare le proprie figlie maschie e femmine anche in Sicilia! Crebbero le licenze medie e aumentavano i diplomati e i laureati. La sorpresa amara fu mancavano in Sicilia i posti adeguati. Si era risolto il problema dell'ignoranza, ma bisognava risolvere quello dei posti di lavoro!

## Mussolini che premiava le nascite.

Sotto la dittatura fascista si diffuse il valore della popolazione numerosa. Avere molti figli era una situazione premiata dal Duce che vedeva braccia per la Patria. Cento lire per ogni figlio maschio! Scarseggiando il lavoro tutti si misero a fare figli per quel premio. La cosa sfuggì di mano perché si crearono famiglie numerose sino a tredici figli. Che dire! Occorre riconoscere però che il Fascismo portò la scuola universale e gratuita per i poveri. S'iniziava così lo stermino dei menti dormenti, ignoranti. Si cercò di alfabetizzare la Nazione. Prima solo se eri figlio di un ricco sapevi leggere e scrivere, quasi tutti gli altri erano analfabeti e con la mente dormiente. Si andava avanti a raccontare frottole o favole, da generazione in generazione, senza progresso per nessuno nel Mondo.

Pieni di progresso e benessere per molti, sterminata l'ignoranza, la gente si svegliò dal lungo periodo dormiente, s'incominciava a capire di più, si facevano progetti per risanare l'Italia dopo la guerra. Le grandi opere trovarono spazio grazie anche alla tecnologia ingegnosa del XX secolo con tutte le sue novità moderne.

Si sterminarono le distanze, il telefono, la radio, la tv, gli aeri, i PC e le SMART card unirono il Mondo e tutte le generazioni del Globo.

Il processo continua inarrestabile verso il futuro. Certo che a pensarci seriamente, sessanta anni fa, nemmeno nel sogno si pensava che fosse possibile. Siamo sbarcati nell'era moderna in cosi poco tempo che tutto appare a volte non credibile, com'eravamo, come saremo.

Prima della guerra papà andò sotto le armi, fu trasferito a Cuneo, ma non so il motivo non più di sei mesi dopo fu congedato. Allora comincio a lavorare in ferrovia come imprenditore, prendeva appalti di lavoro facendo lavorare squadre di suoi operai. Ancora oggi resto meravigliato come lui riuscisse a organizzare le cose, aveva una grande capacità di gestire gli affari, nonostante la sua assenza d'istruzione. Solo i suoi intimi sapevano che non sapeva scrivere, ricordo ancora quando facevano le consegne a fine lavoro venivano gli ingegneri dello stato a misurare tutto il lavoro, papà sapeva già quanti metri quadrati o cubi erano stati realizzati. Con gli operai si organizzava con i numeri, ognuno di essi aveva un proprio numero che papà teneva scritto in un libretto. Sapeva quindi attribuire chi era ciascuno di loro riconoscendolo con il numero. Una vicina di casa scriveva per lui tutti i nomi degli operai e di ciascuno lei faceva tutta la contabilità.

## Il mio lavoro con papà.

Lungo la ferrovia ci fu una frana che doveva essere eliminata la più presto dagli operai attraverso un rinforzo di rete metallica, la cosiddetta "bozzunata". Fu in quell'occasione che papà m'invitò ad aiutarlo. Lavorando ancora al forno chiesi alla mamma, era una splendida giornata di sole, il mio giorno libero per andare a trovare papà. Mamma mi concesse il permesso, raccomandandomi di fare il bravo. Papà era a non più di un chilometro lontano dal paese. Io con la gioia feci il percorso in pochi minuti. Quello stesso giorno a scuola avevo imparato le addizioni, le moltiplicazioni e le altre operazioni aritmetiche. Volevo dirlo di persona a papà. Appena arrivato, dissi subito a papà cosa sapevo fare con facilità. Papà mi disse che ero molto bravo e tirando dalla tasca il suo libretto, lo apri facendomi vedere cosa dovevo calcolare con i numeri scritti nel libretto di ogni operaio. Così mi disse che dovevo calcolare per ogni operaio quante ore avevano fatto, quanto doveva pagare per ogni ora lavorata, quanto doveva a ogni uno di loro, quanto occorreva per pagarli tutti. Mi agitai e dissi a papà se stava scherzando, gli dissi che avevo appena finito di imparare solo la mattina quelle operazioni. Tentavo di fargli capire che non avevo ancora la pratica necessaria per fare quello che mi chiedeva. Era solo l'inizio! Ma come sempre non volle sentire ragioni, anzi mi ricordò il motivo che lo aveva spinto a farmi frequentare la scuola. Mi sollecitò ancora una volta esclamando che lui sapeva fare i conti con la mente e non con la penna, ma per quello c'ero io! Arrivato a casa, disperato, incominciai a pensare come fare tutti quei calcoli che mi avevano chiesto di fare, avevo tre giorni di tempo per completare tutto. Mi misi a piangere e spiegai tutto a mamma. La mamma mi ricordò che neanche lei era in grado di aiutarmi e che l'aiuto doveva venire da me. Mi disse comunque di provarci, almeno. Mi suggerì anche di far vedere i miei calcoli all'insegnante per capire se ragionavo correttamente. Con quel pensiero mi addormentai, ero molto preoccupato.

L'indomani a scuola parlai con il maestro e dopo avermi fatto capire che comprendeva la situazione, chiamò l'attenzione di tutti gli altri scolari per spiegare la lezione del giorno.

<<Un operaio lavora otto ore il giorno, in una settimana di sei giorni lavorativi quanto guadagna? Quante ore fa al mese di quattro settimane di sei giorni lavorativi? Se è pagato un tot l'ora, mettiamo sei lire e mezzo, quanto ha guadagnato in tutto il mese? Domani vedremo chi sarà il più bravo di voi...>>. Svolsi così il mio compito:
8x6 = 48 ore in una settimana;
48x4=192ore di lavoro;
192x6,50 = L. 1.248!
Il professore mi disse che ero stato bravo, facendomi notare anche che non era poi così difficile. Da quel momento potevo aiutare papà a fare di conto, lui aveva bisogno di me! Da allora non smisi di fare i conti per i suoi operai fino che partii per il soldato. Finita la quarta elementare, mi porto al

lavoro con lui. Non avevo ancora nove anni e lui m'insegnò tante cose.

Sono nato nel settembre 1931, la guerra scoppiò a ottobre del '39. Io avevo otto anni appena compiuti. Scoppiata la guerra papà stipulò un contratto con le Ferrovie dello Sato per pitturare tutte le cose usate giornalmente nella ferrovia, per vederci al buio di notte in un tratto di ferrovia di più di 180 chilometri, da Magazolo (AG) a Larcara Friddi (PA]). Si dovevano proteggere le strutture con vernice a smalto o a stucco, tutte le colonnine dell'acqua, leve del cambio binario, tutti i cartelli di segnalazione nella stazione e lungo la ferrovia, tutte le nicchie delle gallerie Il tempo a disposizione per fare tutto era di quaranta giorni. Realizzò tutto da solo insieme alla mia compagnia, Io aiutavo a portare lo stucco liquido per imbiancare tutte le nicchie che sembravano non finire mai.

Io squagliava lo "stucco" di calce grassa con l'acqua in due latte da dieci litri se ricordo bene, utilizzando una mazza di legno e dovevo fare di corsa per non farlo, correvo e tra andata e ritorno percorrevo circa un chilometro con le latte, non era certo facile trasportare tutto quel peso per un corpicino di otto anni. Sotto quel peso il manico di filo di ferro delle latte tagliava quasi le mie mani, avevo in guanti, ma erano pur sempre mani di un piccolo, per la fretta, correvo e a volte la calce schizzava negli occhi facendomi ballare la tarantella per il bruciore che mi procurava la calce, ballavo senza musica, capite che voglio dire! Ricordo che quando pitturavamo le colonnine dell'acqua utile alle locomotive, trovavamo i rubinetti a leva arrugginiti al punto da non potersi abbassare, così mi prendeva in braccio e avvolto nel freddo, imbiancavo la parte, dove papà non arrivava da solo con la scala. Fu così per molti giorni. Non riuscivo ad abituarmi, morivo di stanchezza, ero sempre tutto rotto, sempre dolorante, finché non abbiamo finito con quel tratto di ferrovia.

Finita un'avventura ne cominciava un'altra! Nello stesso tratto, dovevamo fare tutta la manutenzione a tutte le case cantoniere e tutte le stazioni, compresi gli alloggi dei ferrovieri.

In ogni stazione o casello ferroviario abitavano due famiglie in due appartamenti distinti situati ai lati di una scala con il soffitto altissimo per quando era alto il casello. Papà m'insegnava a imbiancare, "allattare" in dialetto siciliano e mi affidò l'incarico da solo di imbiancare gli intonaci e tutte le porte. In quell'occasione eravamo vicino al fiume con due ponti vicini, uno per la ferrovia e uno per la strada statale. Questi due ponti erano sorvegliati notte e giorno dai carabinieri per proteggerlo da attentati esplosivi. Si doveva ripristinare una frana che aveva danneggiato un casello, papà lavorava con circa quaranta operai, dovevano fare presto per ripristinare il passaggio dei treni, senza tanti impicci. Questa località era a circa quaranta chilometri dal nostro paese e il treno ci portava al mattino per poi riportarci la sera a casa. Ma non sempre c'era la possibilità del treno e allora si usavano i piedi. Papà mi faceva portare tutti i giorni uno zainetto con dentro due quarti di tummino, cioè cinque chili di grano duro. Nelle vicinanze della frana c'era un mulino ad acqua che macinava il grano e pure esso era sorvegliato dai carabinieri. Tutti aveva la tessera per la razione del pane, ma il grano che portavo al mulino, proprio perché ci conoscevano, era scambiato in farina. Questa serviva a mamma che ci faceva il pane per gli operai.

Finite tutte le riparazioni papà mi fece imbiancare, quella volta da solo, due appartamenti di ferrovieri. Per la parte alta dove non arrivavo con la scala, ci voleva per forza chi mi aiutava. Era, infatti, impossibile farcela da solo, cosi chiamai papà che in un batter d'occhio ultimò il lavoro. Finito quella parte, tornai dall'altra parte del ponte, dove papà lavorava nella frana con gli operai.

Papà era contento di me, guardava tutto quello che facevo e mi diceva bravo! Poi, dandomi da imbiancare una scala gli dissi che da solo non potevo farcela, era impossibile per me imbiancare il vano di una scala altissima tutto da solo. Lui, per prima cosa mi disse di non volere mai più sentire la parola "impossibile" e per me questa parola divenne per sempre impossibile da pronunciare. Nella vita, mi diceva, nulla è impossibile, nella vita ci sono cose difficili, ma non impossibili, questo è tutto! Vale per qualsiasi cosa, è vero, una situazione può essere difficile, molto difficile, ma mai impossibile.

Questo mi diceva sempre, dovevo, secondo lui, ricordarlo sempre. Aggiunse che con la pazienza si faceva tutto. Non mi restava che ascoltare e obbedire quel comando, non c'erano altre possibilità. A me dicevo però che ciò era davvero troppo. Avevo paura di salire da solo su quell'enorme scala. E in quei momenti tornava l'impulso di ammazzarmi, andando, questa volta, a buttarmi nel fiume. Era crudeltà per quella mia età, disperazione per non potermi ribellare. Allora piangevo, volevo farla per l'ennesima volta finita. Fu così che mi avviai sul punto più alto del ponte che era alto circa trenta metri dall'acqua. Mi videro i carabinieri e riconoscendomi avevano intuito la mia intenzione. M'impartirono ordine di camminare, fermarmi e poi di camminare ancora, mi avvisavano che non volevano noie da un ragazzino m'impartirono un ordine di fermarmi. Di corsa mi vennero incontro, uno da una parte, il secondo dall'altra, il primo riuscì ad acciuffarmi per un braccio. Mi chiese subito se volevo fare qualche scherzetto di quelli veri. Risposi di no! Dissi a loro che volevo solo guardare, quanto era alto. Tra me e me mi sembrava impossibile che era così difficile morire. Mi mandarono subito via da lì. Tornai al casello mentre mi tornavano in mente le parole di mio papà che mi diceva che con la pazienza e la calma si fa tutto.

Cominciai a pensare come risolvere il problema per riuscire a imbiancare quella maledetta scala. Mi osservai attorno, vedevo la situazione più chiara e pensai che se riuscissi a portare tre gradini allo stesso livello potevo appoggiare la scala a una parete e il pennello legato a una canna lunga mi avrebbe permesso di arrivare in alto. Bisognava provare, andai a cercare dei mattoni e misi tre gradini tutti sullo stesso piano. Appoggiai la scala al muro, non era una cosa facile alzare una scala alta più di tre metri ma Dio mi aiuto, la scala stava in piedi e ben ancorata. Preparai lo stucco bianco e il pennello, portai tutto all'ultimo gradino della scala tenendomi con una mano a muro e stando attento a non fare scivolare la scala di legno, poi con il piede scalzo premevo contro il muro, mentre l'altro stava infilato tra un gradino e l'altro per sorreggermi e per non cadere. Presi la canna e incomincia a imbiancare, facendo piano, molto piano. Procedevo con attenzione e calma, riuscii a finire il soffitto, poi tutto un lato e poi ancora, invertendo la scala, finii l'altro lato. Tremavo, ma stavo procedendo con mia stessa meraviglia. A otto metri d'altezza, mi tremavano tutte due le gambe e tremavo tutto pure io.

Dio mi aiutava! Non ero ancora caduto. Nel cervello mi ronzava sempre quella frase: <<Niente è impossibile, se hai la pazienza, si può fare tutto il difficile, niente è impossibile>>.

All'indomani venne papà mi chiese se avevo finito, si che avevo finito! Lui vide tutto quello che era stato fatto da un ragazzino, da solo. Si complimentò con me dicendomi che da quel momento avrei potuto fare da solo, senza più problemi: <<Ora sai e hai imparato come risolvere una difficoltà, quando arrivano, bisogna trovare la soluzione>>; pensava che queste cose si potessero imparare a scuola, ne era convinto!

## Tutti i misteri che imparai.

Ne è passato di tempo e qui in Inghilterra, dove vivo, dicono:<<I am maestà all driade gode to none>>. Maestro di tanti mestieri, non è buono a nulla. Non sono molto d'accordo su questo. Un mestiere solo non ti fa specializzare nella vita, anche se t'insegna a sapere bene una cosa.

In tutto il tempo trascorso con mio padre, ho imparato tutte le cose che lui sapeva e mi e servito tutto in seguito nella mia vita. Non ho imparato da lui a suonare la chitarra è vero! Avevo le dita corte e mi diventava difficile serrare le corde della chitarra. Poi è vero anche che non c'era tanto tempo per farlo, ci provai in seguito, ma non ci riuscii. Imparare a suonare e conoscere la musica non era interessante per me, trovai difficoltà, la musica o l'hai o non ce l'hai!

Papà m'insegnò a pitturare, a murare e fabbricare case, per questo non ho avuto problemi, da solo ne ho costruite quattro qui in Inghilterra e tre in Italia. Il muratore è un mestiere pieno sempre di polvere, ma quando costruisce una casa, senti una certa emozione che rimane, lì per tutti, finita di costruire inizi a osservarla e ammirarla, per tanti anni, è una cosa bellissima, ti fa sentire che ce l'hai fatta, che l'hai progettata e costruita tu. E' una gioia che ti resta. E' bello!

Studiai da tecnico elettronico, pure questa è stata un'impresa molto dura, ma compiuta, quell'apprendimento mi permetteva di dare inizio alla mia vita di qualità, che mi permise di creare quello che sono oggi. Quel mestiere mi diede tanta gioia, e mi fece distinguere dagli altri. Ero bravo nel mestiere di tecnico elettronico. Le parole di papà mi fanno sempre compagnia: <<Nulla è impossibile, solo difficile>>.

Elettricista, meccanico di motori a petrolio, a diesel, tubista, riparatore di frigoriferi, falegname, e tanti altri mestieri lungo la mia vita. Una volta m'improvvisai anche architetto, disegnai due piante di due case che poi abitammo. Diedi io l'idea ai miei architetti di come pensare le strutture e gli impianti da costruire. Mi cimentai addirittura con la voglia che avevo a pilotare un simulatore di aereo, come fanno tutti i piloti prima di guidare nella realtà un vero aeroplano. Nel 1963 con una Ford console a quattro marce, mi avventurai da Londra in Sicilia con mia moglie, le mie prime due bambine e mio fratello ancora senza patente. Pochi erano i tratti di autostrada allora, qualche tratto in Francia e quasi nulla in Italia. Feci un percorso di oltre tremila e quattrocento chilometri, dove gli ultimi, in Calabria furono di vero rally, punti dove se incrociavi, un'altra automobile eri costretto a fare marcia indietro. Non so se si trattò di coraggio o incoscienza, allora. M'inventai di fare pure il negoziante, poi ho provato con un ristorante, con la vendita di gelati con i camioncini costruiti apposta feci piacere agli inglesi per ventisei anni. A papà devo il mio coraggio, la capacità di arrangiarmi in un ogni cosa. Certo non fu gentile nell'insegnarmi le cose, ma erano i suoi modi di allora, forse un po' troppo brutali, ma penso come del resto di tutti i padri di quella generazione. Oggi comprendo molto di più il valore dell'insegnamento di papà, lo capisci quando cresci e devi affrontare le responsabilità della vita, quando diventi cosciente della realtà che ti circonda, tutto ti torna più chiaro e scopri che quasi tutto hai imparato dai genitori. E come mi sono serviti gli insegnamenti di papà, svelerò più avanti il perché.

Un altro insegnamento è di non interrompere ciò che hai iniziato. Non lasciare mai per domani ciò che è possibile fare oggi. Di questo insegnamento ho fatto la mia regola, non rimando mai un'azione se è possibile farla subito.

## Un segreto da svelare!

Quello che qui riferisco non vuole offendere nessun, ma serve a spiegare meglio alcuni miei pensieri. Ci s'interroga sovente se è migliore un soldato o un caporale, e ancora, se meglio fare la pecora o essere un pecoraio. Io ho sempre preferito la seconda possibilità.

Gli studiosi dicono che il 95% delle persone del mondo si comporta come pecore, dove va una, le altre la seguono. Tante persone che lavorano, sacrificano spesso la loro vita. Si lavora per lunghissimi anni, quaranta, cinquanta, per uno stipendio che servirà a mantenere la propria famiglia. Non importa che cosa si fa, ma tutti sono nella stessa condizione, lavorano per il proprio datore di lavoro, spesso per farlo arricchire. Ma loro dopo lunghi anni di lavoro sono sempre allo stesso punto. Quando protestano insistendo ricevono un aumento di paga, ma senza mai una prosperità reale. Molti sono contenti così e si tira a campare.

Poi c'è il 3,5% delle persone, dove io mi riconosco, che pensano a qualcosa in più da fare, per stare meglio, per sviluppare la loro posizione. Sono instancabili, se le loro azioni non hanno successo, ci riprovano, una, due, dieci volte, fino ad arrivare al loro obiettivo. Ed è proprio questa conquista che li fa vivere meglio. Penso però che questa mentalità sia ereditata dai genitori. Ma poi capisco che non possiamo essere tutti uguali. Anzi forse è meglio non esserlo. Ricordo papà che diceva: <<Se tutti sapessero fare i commercianti chi zapperanno la terra?>>. Penso che il pessimismo e l'ottimismo non siano scelte che facciamo, ma modi del nostro carattere che ci portiamo dietro sin dalla nascita.

Infine rimane l'1,5% delle persone, detti "ingegnosi", loro pensano una cosa nuova e che crei valore per tutti e spingono altri a farla. Poi restano a godersi per il resto del loro tempo la bella vita. Un esempio? Henry Ford, la sua idea fu quella di costruire automobili per la massa! In Italia un certo avvocato Agnelli lo copiò e fece la Fiat. Billy Gate, rivoluzionò il personal computer pensandone uno per la massa! Teste che crearono e creano valore e prosperità per tutti. Potrebbe essere questo il mondo di oggi? Pensare e creare valore per te e per gli altri. La New Tech? Con essa il Mondo sta cambiando, tutte le cose stanno cambiando quasi come per magia.

Gli ingegnosi di oggi hanno dato inizio alle nuove tecnologie che permettono di produrre tutto quello che ci sta attorno, che vediamo, ma migliaia di cose che non vediamo. Gli ingegnosi creano ricchezza per se e per tutti, o meglio per chi coglie l'occasione. Essi operano perche la grande Massa possa ottenere ciò che solo pochi ricchi hanno sempre avuto. Le loro idee abbassano il prezzo di acquisto rendendolo accessibile alla grande Massa. "Knowledge! La conoscenza stermina l'ignoranza in tutto e sviluppa la mente dei popoli. In tutti i campi dobbiamo ringraziare loro, gli ingegnosi. In medicina, in abitazione, nell'alimentazione, nei trasporti, nelle telecomunicazioni. Sono finite le distanze, vediamo e ascoltiamo tutto in tempo reale da tutte le parti del Mondo. Sopra le nostre teste, un ombrello di satelliti ci permette tutto ciò. Le frontiere delle Nazioni spariscono e speriamo spariranno pure le liti tra i popoli oltre che quelle del vicino di casa. Sono state sterminate le menti dormienti, un risveglio totale, una nuova era di benessere ci aspetta se la sappiamo vedere, cogliere, accettare e conservarla. Mai perciò trascurare la scuola che deve essere aperta a tutti perché si possa creare prosperità delle menti e benessere per tutto il Mondo almeno a noi vicino.

## Oggi siamo più belli e più sani,

Tanti, però sono più belli e "piatti". Le comodità di oggi sono di tutte specie, inimmaginabili per coloro che non ci sono più e che potrebbero vedere tutto questo. Non ci resta che aspettare il prossimo progresso che ci porterà in gita nell'Universo, molto presto. Siamo pronti a un'altra rivoluzione della realtà, qualche decennio fa, tutta questa realtà di oggi non sarebbe apparsa nemmeno in sogno. Possiamo parlare di vero miracolo, si certo tecnologico, ma miracolo comunque o se preferiamo una magia!

Ritornando indietro da questo viaggio nel futuro voglio ricordare le camminate a piedi con mio papà quando si andava al lavoro. Ci volevano fino a tre ore di cammino prima di arrivare e quindi tre ore per tornare a casa. Se aggiungiamo le otto ore di lavoro arriviamo a quattordici ore al giorno di tortura per un bambino come me. Il passo di papà e degli altri operai era più veloce, per loro era un passo normale, ma per quelli che eravamo piccoli, era una vera corsa continua per tutto il viaggio fino alla destinazione. E poi tanti bambini erano incredibilmente a piedi nudi! Sulle spalle si portavano di tutto, terreno, pietre, calce, sabbia. Una sofferenza a carico di noi carusi! Senza dimenticare quando inciampavi contro una pietra, le dita del piede urlavi dal dolore, non c'era niente per medicarli, dovevi farli guarire senza fasce face.

Di colpi ne ho collezionato moltissimi lungo quella strada, mattina e sera, questa era la vita di tutti. Noi bambini in quella "bella Era", la vita torturata di allora, tutti i giorni, tutti le settimane, tutti mesi. E anni, estate, e inverno, che bella vita che passai nella mia infanzia! Soprattutto quando tornavi a casa a pezzi, mangiavi qualcosa per fortuna ed eri felice di farlo, poi subito a letto, alle quattro de mattino ci aspettava la sveglia per ricominciare a girare la ruota che ti riportava nello stesso punto, al lavoro, a casa, a letto, a casa. Una story never end, insomma, una storia che non finiva mai!

Ma nonostante la vita dura sino ai diciotto anni prima di partire militare, nonostante le botte, la fatica, i dolori, i pianti, nonostante tutto, avevo e sapevo che mio padre mi stimava e mi voleva un gran bene. Io ero il suo braccio destro come dicevano tutti. Oggi, lui mi manca molto, non ha beneficiato di una lunga vita, povero papà! Il suo insegnamento resta con me, sempre. Quello che m'insegnò in particolare l'ho detto più volte, il segreto era sempre quello di non arrendersi mai, perché tutto diventava possibile se ci si dedicava al problema impossibile. Senza pensare che a volte la soluzione e più vicina di quando non si creda. Capii, infatti, che quando cerano problemi, la prima cosa da fare era sfrondarli, rimaneva così da risolvere la questione centrale quella vera, senza confondersi con le fronde appunto. Ma devo confessare che senza i suoi modi severi e brutali che mi facevano male, non sarei cresciuto veramente, non sarei diventato un vero uomo. Grazie papà, I love you steel! Ti voglio bene ancora.

# Da mio papà ho ereditato

La caparbietà e il suo genio nel saper fare quasi tutto quello che c'è da fare, senza arrendersi, ma con il coraggio che necessita in tutte le cose da affrontare, in tutti i problemi da risolvere. Imparai a memoria il suo famoso motto, imparai a memoria che non potevo mai dire che non gliel'avrei fatta, mi avrebbe menato davvero. E, infatti, presi spesso botte per questo. Tutte le volte che mi lagnavo nel non riuscire a fare qualcosa. Con durezza m'insegnò comunque a usare la ragione sopra ogni situazione. La sua presenza non mi dava mai pace. Dovevo solo ubbidirlo sempre e mi portava sempre con lui al cinema, al teatro. Mi portava negli alberghi più belli, nei ristoranti. Ma non c'era scampo, dovevo obbedire subito ai suoi comandi altrimenti erano mazzate alla "siciliana". Non sono sicuro se lui fino all'età di settanta anni sapeva che aveva creato un uomo, quasi un genio! Sicuramente se fosse oggi ancora vivo, proverebbe un'immensa gioia.

Un giorno aspettando mia moglie che passava una visita medica, mi misi a leggere nell'attesa un libro che spiegava come sino al secolo scorso il cervello umano era più piccolo. Voglio ricordare che tutti nasciamo con un cervello piccolo e che via, via, cresce, ma che s'ingrandisce con il sapere, con l'insegnamento che già la mamma ci da. Questo inizio è importantissimo, nei primi giorni, mesi di vita, lei c'insegna centinaia di cose. Imparando il cervello cresce, si sviluppa. Ricordiamo la leggenda di Tarzan che non parlava, ma comunicava come gli animali della giungla. I bambini imparano subito finché sono attratti da qualcosa d'interessante, da scoprire. Quando si perde interesse non s'impara più o è molto più faticoso farlo. Il segreto per sviluppare l'intelligenza dei bambini è quello di dare a loro sempre da fare cose divertenti che li attraggono il loro interesse, il loro piacere. Occorre stimolare il cervello, liberare con la fantasia la sua potenzialità infinita. Fate sognare i bambini quando sono piccoli, li aiuteranno a desiderare da grandi a scoprire mete a realizzare la loro vita con obiettivi grandi! Occorre tenerli sempre in allegria e occupati a fare qualcosa. I bambini si divertono e il loro cervello si sviluppa velocemente. Sicuramente mio papà non conosceva queste cose e nemmeno io finché non le ho scoperte sessantenne, leggendo appunto quel libro.

Il funzionamento del cervello è una conoscenza veramente fantastica che tutti dovremmo conoscere. Per esempio pochi sanno che abbiamo due memorie, un'intuitiva che si sviluppa in una parte del cervello (quella destra) e un'altra più di apprendimento che si sviluppa nella parte sinistra. I nostri antenati primitivi avevano sviluppato moltissimo la parte destra del nostro cervello. Il lato sinistro del cervello è quello che usiamo normalmente ogni giorno. Usiamo solo un decimo della potenzialità del nostro cervello, agiamo usando il cosiddetto senso "conosciusness" e il senso subconsciousness, quest'ultimo è sviluppato con la pratica. Questo è quello che ha aiutato a me tanto. Quando noi vogliamo entrare in contatto con il nostro cervello, allora ci mettiamo a meditare, cioè facciamo "meditazione". E' necessario un posto tranquillo, senza rumori e nessuno che disturbi, nessun rumore di telefono o altro.

Occorre sedersi in modo confortevole e rilassarsi serenamente, mettersi in una tranquillità simile a quella che abbiamo quando dormiamo, quasi a prepararci a sognare, entrando nel silenzio più assoluto. Da questa posizione fare tre respiri con il naso, tenendo la bocca chiusa. I respiri devono essere profondi e lunghi, occorre tenere per qualche secondo l'aria, prima di espirare, poi rilasciare l'aria sempre con il naso e lasciarsi andare nel profondo. Ripetere la stessa sequenza sino a che il cervello si organizza come quando sogniamo. A questo punto impartiamo un ordine affermativo e corto al nostro cervello: <<rilassati!>>. Esso eseguirà la tua indicazione. Questo rilassamento è possibile perché attiva il Subconsciouness dentro di noi. Se facciamo pratica di questi esercizi, possiamo aiutarci da soli a risolvere i nostri problemi, perché troviamo la soluzione allontanandoci dal fratello sinistro del cervello, il consciouness che usiamo nelle attività pratiche in tutti i momenti. E' la parte che ci fa "ragionare", che traduce la realtà che vediamo nella vita quotidiana, tutto quello che noi progettiamo giornalmente. Più il cervello "lavora" e più ti da prosperità nella vita. Poco importa con che cosa alleni il cervello, l'importante è allenarlo. E' un dono divino che attraverso le nostre mamme abbiamo ricevuto.

Papà si che mi dava tanto da fare, spesso ha messo a dura prova il mio cervello, soprattutto quando mi ripeteva sempre, ormai l'avete capito, che non esisteva nulla d'impossibile, ma che esistevano solo cose difficili, molto difficili quanto si vuole, ma non certo impossibili. La sua continua smania di farmi fare tutto, già da piccolo, fece da stimolo al mio cervello che non si riposava mai.

Sino agli anni Venti del secolo scorso, le menti dormivano, quasi tutte. Si continuava a vivere nell'ignoranza, si ripetevano le cose da generazione in generazione, senza mai mettere in discussione nulla, si procedeva senza progresso. L'analfabetismo era la regola per la grande massa.

## Prima di partire soldato

Circa otto mesi prima di andare soldato comprammo una casa che era stata distrutta e poco tempo dopo un'altra vicina anch'essa demolita. In totale c'era uno spazio di circa ottanta metri quadrati che mio papà aveva comprato per costruire la nostra prima bella casa. Eravamo una squadra familiare: papà, io e mio fratello Franco. Lavorammo per sgomberare tutto, per fare piazza pulita di tutte le macerie. Forse, nel nostro paese, eravamo tra i primi, dopo la guerra, a costruire una casa nuova, tra i primi ad avere un vero bagno in casa, una cucina, una sala da pranzo separata, vere camere e veri balconi. Finita di costruire, la meraviglia fu tanta e non solo nostra, veniva tanta agente del paese a vederla; come sempre mio papà riusciva a realizzare le cose belle in poco tempo. Io non arrivai però vederla finita; partii militare appena terminato di costruire il primo piano.

La leva era cominciata. Arrivato il primo giorno in caserma per la selezione e ci misero dentro un'aula, eravamo circa un'ottantina di ragazzi. Il secondo giorno eravamo rimasti circa quaranta, l'ultimo giorno, una dozzina. Tantissimi erano i problemi da risolvere. Finite le prove di selezione ci mandarono a casa assegnandoci una lettera, a me toccò la "B". Circa un mese dopo mi chiamarono per andare a fare la "Naia", così chiamata in gergo. La prima tappa fu Nocera Inferiore, in provincia di Napoli, cominciava l'addestramento delle reclute (CAR) per quaranta giorni.

**Era duro marciare**.

L'addestramento era fatto tutti i giorni sotto un sole cocente, erano i primi giorni di maggio e il caldo era più forte che in Sicilia. Molti ragazzi svenivano, non c'erano sconti per nessuno. In una giornata di esercitazione, durante una pausa, un sergente maggiore si avvicinò: <<Ho bisogno di muratori e imbianchini, a chi interessa, viene fuori>>. Mi guardai intorno e feci un passo avanti, mi chiese allora che cosa sapevo fare ed io risposi "tutto". Come tutto? Mi domandò! Continuai, chiamandolo Signor Sergente, gli dissi so fare tutto perché lavoravo con papà nella ferrovia e facevamo la manutenzione in tutte le case cantoniere in Sicilia, mio papà era impresario, Signor Sergente, e mi ha insegnato a fare quasi tutto. Lui, meravigliato, mi disse: <<Allora tu farai il capo squadra>>. Era proprio quello che facevo prima, a volte quando mancava papà!

Insieme con altri sei militari formammo una squadra edile. Ci portarono dentro e ci fece vedere che dovevamo ristrutturare la mensa e altri uffici, oltre ai corridoi e le scale. Eravamo stati fortunati, almeno stavamo al fresco per molti giorni. Il CAR finì e fummo trasferiti ai vari reggimenti.

Eravamo stati destinati a Pordenone e Udine, dopo un'attesa che sembrava non finire più. Arrivati dopo un giorno e una notte di viaggio, ci prelevarono alla stazione e ci portano in caserma. Per due settimane eravamo nulla facenti, cercammo di conoscerci meglio tra noi militari appena arrivati che eravamo circa una ventina da tutte le parti d'Italia. Gran parte dei commilitoni erano ancora studenti, frequentavano l'università. Io facevo un po' fatica a dire che avevo solo la quarta elementare, dicevo tra me e me, ma che ci faccio io con loro?

Ogni mattina, dopo la ginnastica, c'era la pausa allo spaccio (il bar della caserma) lì trovammo altri amici siciliani con i quali legavamo i rapporti e ci confrontavamo sulle destinazioni di reparti che ci avrebbero dato, non si sa quando. Arrivò il giorno che il Signor Tenente ci chiamò dentro un'aula con banchi che somigliavamo a quelle delle elementari, alle pareti anziché le lettere dell'alfabeto e le carte geografiche, c'erano tante foto di carri armati, di tutti i tipi! Ci sedemmo tutti e lui iniziò raccontandoci che era appena tornato da una licenza, le ferie dei militari. Ci spiegò che dovevamo stare insieme per circa quattordici mesi, durante quel periodo dovevamo frequentare corsi, fare esercitazioni di ogni tipo. Dovevamo imparare a calcolare distanze, trovare coordinate sulla carta e sugli strumenti del carro armato per imparare a centrare gli obbiettivi da sparare. Questo valeva per tutti i carri della compagnia. Ci spiegò com'era importante la velocità di puntare e sparare verso l'obiettivo, la velocità di prepararsi rapidamente dopo che suonava l'allarme. Tre, erano i minuti magici. Occorreva fare tutto in tre minuti dal momento dell'ordine, dell'allarme, del comando. Finita la sua lezione ci chiese se avevamo compreso tutto e se qualcuno di noi aveva qualcosa da dire. Io mi alzai e a disagio gli dissi che differenza di molti che erano in aula, possedevo solo la quarta elementare, mentre in aula erano presenti molti diplomati, laureati. <<Senti cocco bello!>>, mi disse, <<A me non importa un cavolo chi sete, per me siete tutti uguali, dico tutti. Tu sei stato selezionato fra tante centinaia, sei stato scelto per fare questo, tu hai il cervello per fare conti velocemente e forse altri no, d'ora in poi, dimenticate tutti quello che siete o chi eravate, farete solo quello che vi dico!>>. Il rifiuto dei miei comandi, diceva, sarà punito con un viaggio a Gaeta! A Gaeta, si trovava la galera militare e li si andava per restarci a lungo. Mi ordinò di sedermi e riprese a spiegare la lezione. Da quel momento non aprii più bocca!


**I primi esami!**

Il reggimento si chiamava Ariete, a frequentare il corso eravamo circa sessanta, tutti dovemmo sostenere l'esame finale di tiro a segno. Il primo classificato aveva una licenza premio di due settimane. Il secondo intascava un premio di cento lire. Aveva finito per primo, guardandomi attorno, tutti erano ancora occupati con i compiti. Allora pensando di avere fatto troppo in fretta controllai nuovamente il mio compito per vedere se c'erano errori. Per aver ricontrollato nuovamente, consegnai il compito come secondo. Il Tenente mi fece capire che ero stato uno sciocco, lui ci teneva tanto che glielo consegnassi per primo, ma giusto naturalmente.

Da Pordenone andai solo una volta a casa, in licenza per due settime. Giunto a casa, mi misi a intonacare le pareti rimaste ancora da finire. Finii tutto in pochi giorni. In quel salone al piano terra, papà ci realizzò un grande salone che destinò a sala da ballo, lì insegnava a tutti i giovani del paese a ballare. Il problema fu che non aveva mai avuto la licenza per aprire al pubblico quella sala da ballo e dopo un anno dovette chiudere bottega con una multa salata.

Tornai in caserma, avevo tanta voglia di fare tante cose, sogni d'ogni genere, papà, quasi tutti i mesi mi mandava un piccolo assegno. La paga militare era di dieci lire il giorno, poi prendevo settantacinque lire per la specializzazione di tiratore. A paragone con un caporale che prendeva quindici lire il giorno e un sergente venti lire, mi sembrava di essere trattato come un ufficiale. Mangiavo spesso nella mensa ufficiali e non facevo spesso la guardia proprio per gli incarichi di contabile che mi avevano assegnato. Il tenente mi prese a cuore e presto diventai il suo braccio destro; mi portava sempre con lui a perlustrare le zone di esercitazione, andavamo con una jeep, a guidare era il suo autista. Ero insieme con lui nel primo carro armato, capo colonna, viaggiavamo senza botola per vedere bene dove piazzare sul campo la Divisione. Comprai una camera fotografica e mi divertivo a scattare foto a tutti, in caserma, in mensa, nelle camerate, ovunque insomma. Mi divertivo, non mi mancavano i soldi, ma soprattutto ero fiero del corso che mi diedero. E non perdo occasione per ripetere ancora che grande merito va a mio padre che allenò il mio cervello, nel fare i conti, nel ragionare. Tenni sempre i contatti con papà che mi ricordava sempre che una volta congedato sarei diventato Imprenditore! Lui stava preparando tutti i documenti per realizzare questo suo sogno. Mi mancavano pochi mesi al congedo e stavamo ultimando le ultime esercitazioni presso il fiume Tagliamento. E' il più importante fiume del Friuli-Venezia Giulia con una lunghezza di 170 km e un bacino ampio quasi 3.000 kmq. Il fiume è considerato l'unico dell'intero arco alpino e uno dei pochi in Europa a presentare una forma a canali intrecciati, per questa sua caratteristica viene anche chiamato il Re dei fiumi alpini. In un paesino sotto le alpi, Spilimbergo, sulla sponda destra del fiume, andammo una sera a mangiarci una pizza. Facemmo una vera e propria gaffe! In libera uscita vidi per la prima volta la televisione. I tempi cambiavano di giorno in giorno!

Finita la Naia, ritornai casa, in quel periodo papà non prese più lavori, cosi mi misi a lavorare da muratore nel cantiere di una scuola in costruzione. I muratori che già lavoravano in quel cantiere erano quasi tutti anziani, abituati ai soliti rappezzi del paese, sapevano leggere a mala pena le piante. Io, abituato con i lavori in ferrovia, spiegavo ad alcuni come fare a orientarsi. Insieme con un altro giovane muratore fui messo dal Capo cantiere a costruire tutto il fronte della scuola. Diventammo due giovani capi mastri, incredibile, in mezzo a tanti anziani, dettero l'incarico a noi due di erigere tutta la costruzione. I muratori anziani non erano abituati a grandi strutture e larghe piante, essi si confondevano, era complicato orientarsi. Per fare la gettata di cemento del primo piano vennero da Palermo carpentieri specializzati per costruire le carcasse di legno. Nessuno ancora in paese aveva imparato a costruire strutture in cemento e preparare tutta la carpenteria necessaria. Era tutto diverso dal costruire case di mattoni e calce. Erano diverse le strutture per le scale, i piani ecc, le responsabilità erano più grandi. Sbagliare voleva dire ributtare tutto giù e ricominciare dall'inizio. Loro erano arrivati per armare tutto, senza il loro lavoro noi muratori non potevamo andare avanti. Ancora una volta, la mia insaziabilità di imparare mi portò a chiedere al Capo cantiere di farmi fare il carpentiere. Lo sorpresi perché mi rispose che ero un muratore. Insistei, dicendogli che potevo imparare in poco tempo e che sarei riuscito a diventare carpentiere. Riuscii a vincere i suoi dubbi impegnandomi a non prendere la paga se il mio lavoro di carpentiere non riusciva. Poi gli dissi però che se restava soddisfatto della mia opera mi doveva pagare il doppio del muratore. Lui era il capo cantiere, veniva dall'altra parte dalla Sicilia, mi disse che ne parlava con l'impresario e che mi faceva sapere.

La risposta arrivò e fu confermativa. Aveva visto come lavoravo e voleva darmi fiducia. Insistetti, cercando di fargli capire che poteva contare sulla continuazione dei lavori di quel cantiere e che in noi poteva trovare operai di fiducia. Stanco anche degli operai palermitani che incominciavano a pretendere troppo, l'impresario decise di formare una nuova squadra di operai del luogo, cioè del nostro paese e diede a me l'incarico. Formai subito una squadra di dieci operai giovani che poteva d'ora in avanti lavorare a tempo pieno per la sua impresa. Incoraggiai i giovani che avevo scelto e li avvisai che non si poteva scherzare, che garantivo io comunque per loro. Mi sarei preso tutta su di me la responsabilità, ma li avevo avvertiti che dovevano stare a seguire i miei ordini. Chiesi loro chi ci stava o chi non ci stava. Tutti mi guardarono e mi dissero tutti di starci. Allora, tutti al lavoro! Diventammo carpentieri.

Piano, piano, diventammo specialisti della carpenteria, preparavamo casseforme, pianali, armature per solette, ecc. tutto insomma quello che serviva per le gettate, per le orditure dei tetti. Lavoravamo tutti di lena, senza sosta e senza stancarci nella volontà. Assegnai a ognuno il suo lavoro, da fare sempre, facevo fare sempre lo stesse cose per allenarli a farle bene. Il risultato fu che ci sostituirono ai carpentieri palermitani. Diventammo noi i carpentieri per tutte le solette e per tutte le impalcature. Fu una strada dura, ma alla fine ce la facemmo, anche lì. Il mio destino, però, non si fermava lì e finii per partire per Londra, iniziai la mia esperienza di emigrato. Ma prima di partire, viaggiai con la fantasia sopra la storia della nostra bella Sicilia!

## Il triangolo sul Mediterraneo...

...è stato tormentato e conteso per millenni, i siciliani si portano dentro quest'antico supplizio. Ma sopra di essa si è continuato a vivere, soffrendo, ma alla fine sempre vincendo le sofferenze. Qualcuno immagina che La Sicilia sia ancora terra di pezzenti analfabeti, abitata per lo più da ignoranti, che sia solo terra di mafia. Tutto questo che ho elencato c'è stato e ancora ci sono diverse realtà così. Ma la grandezza di questa nostra Isola è inimmaginabile alla grande massa. La Sicilia è sempre stata ricca in tutto, per millenni. Frutti della terra e materie prime in giacimenti ne hanno fatto un paradiso terrestre. Grano, frutta, vino, verdure, minerali, sale, zolfo, gesso, arte, cultura, meraviglie naturali a disposizione di chi ha desiderio di vederle. I musei archeologici traboccano di testimonianze delle più grandi civiltà che l'hanno abitata. Eppure a militare, ero chiamato "terrone".

I piemontesi sono stati gli ultimi invasori (si diceva che bisognava fare l'unità d'Italia). Così Garibaldi ci venne a liberare (meglio conquistare) non si sa a quale pesce credere. Colonizzata, derubata, spogliata di tutta la sua ricchezza, intere popolazioni siciliane schiavizzate, poi abbandonati come sempre al nostro destino. L'ultima mascherata azione l'ho detta prima, al suono di Fratelli D'Italia e di viva VERDI, amici e cugini espugnavano tutto il Meridione, la Sicilia come ciliegina sulla torta di Cavour. Il Re delle due Sicilia con la moglie Maria Sofia si rifugiò Roma, al Quirinale con PIO IX. Morirono in esilio separati per il resto della loro vita al Mondo. Un giorno si scriverà la verità su questi secoli ultimi. Garibaldi fu Generale di patria o Capo di briganti? Lo scopriremo quando saranno eliminati tutti i segreti di Stato. C'è da verificare se risponde al vero la storia che lui assoldò i garibaldini tra galeotti e briganti senza una paga, ma con la promessa che potevano razziare tutto quello che trovavano nelle case del sud da espugnare di coloro che avevano il Regno siculo a riferimento. Per l'onestà di una classe politica che richiede onestà, sarebbe bello fare uscire la verità. Per adesso sui libri di scuola resta la leggenda che i Mille sbarcarono a Marsala per unire l'Italia. E intanto che la univano, si poteva saccheggiare e rubare tutto quello che si trovava. Pare che se qualcuno faceva resistenza eliminavano tutta l'intera famiglia E senza nessuna pietà, e bruciavano tutto per non lasciare dietro prove, e migliaia d'innocenti del sud morirono cosi con Questa sorte, e chi riusciva a scappare, li chiamavano i briganti, e chi non collaborava e non gridava viva il Re di D'Italia, veniva ammazzato.

Questa era il conto da pagare per tanti meridionali sfortunati. Gli archivi di Stato potrebbero conservarci qualche sorpresa ben riservata sui fatti del 1861. Nella guerra mondiale il nostro Re fu il primo a scappare creando stupore e guerra civile in quell'Italia unita! Dove sono tutti i tesori confiscati a tutti, i miliardi di allora erano venduti tutti i beni delle chiese, E tanti ricchezze, tutto portato al nord, dove sono? Gli Storici devono dichiarare la verità, senza pensare alla loro fama editoriale, sarebbe un regalo a tutta l'Umanità. Finirebbe questa farsa tra polentoni e terroni, ma che certo non iniziò con loro.

## Incominciarono I vicini Greci...

...che colonizzarono tutto il Sud, videro i giardini fiorenti della Sicilia, s'insediarono nella terra di

Agrigentum. Divennero aggressivi e governarono con tirannia, incominciarono con la loro passione di costruire dei grandi templi, ne costruirono di enormi, più grandi che nella loro terra d'origine. La Valle dei Templi costruita nel IV secolo post cristo, Siracusa sotto il dominio Dionisio diventa la principale metropoli europea. Con la sua potenza e le sue fortezze protetta da lunghe mura che giravano attorno alla città per circa ventinque chilometri, una popolazione di trecentomila abitanti. Altre perle si affacciano su quello splendido mare Mediterraneo, Agrigento, Salaparuta, Taormina, Segesta, Selinunte, Caltagirone eredità di Cartagine.

Siracusa divenendo famosa, come Taormina con la sua Arena, è ancora lì con il suo splendido turismo e i suoi hotel a giardino che guardano il mare, meta di ogni genere di ammiratore da ogni parte del mondo, con il suo vulcano l'Etna, ancora attivo pienamente tutto l'anno.

La valle dei templi di Agrigento pure essa teatro di splendore e oggi di turismo. Concordia, Eracle, e altro.

Alla fine del terzo Secolo post Cristo, i Romani conquistarono a loro volta la Sicilia e ne fecero la prima provincia di Roma. Ma fu a caro prezzo almeno all'inizio, i romani arrivavano a terra ed erano bruciati nelle loro barche, la leggenda vuole che fossero gli specchi di

Archimede ad architettare la trappola. Gli specchi rivolti verso il Sole riflettevano i raggi accecanti che colpivano le navi romane facendole incendiare. Archimede morì ucciso da un degli invasori che era riuscito a sorprenderlo in casa. Oggi molto di quel tempo è conservato nei Musei, le statue di Hercules, Castor, Pillowand.

La nostra Sicilia! Un clima unico nel mondo, unico per il suo profumo primaverile, per i suoi aranceti, uliveti, vigneti, il suo grano duro, le sue mandorle, i suoi fichi, i suoi Frutti! Bellezza, Dolcezza e Gustosità sono i delicati abiti di questa incantevole Isola.

Il coraggio che manca alle Istituzioni italiane? Presto detto. Manca a loro il coraggio (forse l'onestà) per ridare dignità non solo all'Isola, ma a tutto il Sud che lo assomiglia (come dimenticare Napoli, Salerno, Brindisi, Reggio Calabria, Lecce!) Se solo si avesse il coraggio di sviluppare il turismo ad alta scala internazionale e nazionale con hotel accessibili e non costruiti a scempio ovunque come ora, allora possiamo dire che la parola "crisi" sia qualcosa di sconosciuto. Molti non vogliono vedere le potenzialità del Sud. Perché? Una ricchezza donataci da Dio e buttata al vento! Milioni di siciliani hanno dovuto emigrare com'è toccato anche a me per sopravvivere. Ho imparato in terra straniera quanto valore c'è in Sicilia e quanto valore può dare agli Italiani. E da italiano mi vergogno per come quell'Isola è maltrattata. Pensare a Palermo vuol dire poi disegnare con gli occhi tutti i suoi paesaggi. Piazza Marina, vale per tutte le bellezze che la città nasconde agli occhi di molti: Monreale con la sua inimitabile Chiesa; Santa Rosalia, Piazza della Vergogna, così chiamata Piazza Pretoria dove c'è la Sede del Comune di Palermo, si resta senza fiato ad ammirarla!

Sicilia! Terra di Bizantini, Arabi, Tunisini, Norman, Saraceni Germanici, Francesi, Austriaci, Spagnoli!

Mafia!

Il massacro davanti alla chiesa di Santo Spirito
Era un lunedì Santo, il 28 aprile 1282. Un gruppo di soldati francesi comandati da un sergente, incomincia a insultare donne che andavano a messa. Volevano molestare una bella donna, davanti al proprio marito. L'uomo fu costretto a

tirare fuori il coltello e ferì a morte quel sergente. In quell'istante suonarono le campane del Vespro. Fu un segnale già stabilito per dare inizio a una rivolta aspettata da molti anni, sedici anni. Ci furono spari, grida, e al suono delle campane tutti capirono che era arrivata l'ora della rivolta. Tutta la popolazione uscì in strada con tutto quello che trovava, armandosi di forche, falci e coltelli. I francesi che dominavano a quell'epoca, erano uccisi nelle strade, con la stessa brutalità usata da loro. Molti riuscirono a scappare indossando vesti borghesi e buttando l'uniforme. Per individuarli, perché irriconoscibili, molti sospetti erano fermati e a loro chiesto di ripetere la parola "cicero". Costoro non sapendo pronunciare quella parola dicevano "sciscero", scoprendo la loro vera identità di francese. In quel momento si autocondannavano a morte. Quella rivolta restò nella leggenda della storia come la Rivolta dei Vespri Siciliani.

Nel 1297 il Papa diede la Corsica e la Sardegna a James II, Re di Aragona per rinunciare alla Sicilia. Il 31 agosto 1302 con l'aiuto del Papa John XXII offre la Sicilia a Carlo di Valois. Per terminare l'arroganza di Federico di Aragona e finire la guerra dei Vespri.

Fu la volta dei Borboni, ma in quel periodo si visse in sostanza in pace e prosperità per due secoli. Poi è arrivato Garibaldi e i fratelli d'Italia! Con queste poche righe ho voluto semplicemente attirare un po' l'attenzione sull'infinita storia della Sicilia che merita indubbiamente di essere ricercata, ascoltata e apprezzata molto di più di quello che si fa!


Fine secondo capitolo

# CAPITOLO TERZO

La nuova vita all'estero.

Si emigra!

Si emigra il 3 maggio del 1955 per una nuova vita e in cerca di libertà. Si va a vivere in un nuovo Paese. Poco più che ventenne, pieno di sogni e di avventure, parto. Prima vado a Napoli per una visita medica d'idoneità per l'estero, poi via sul treno per Milano. Da Milano prendo il treno per Londra.

Tre sono i giorni di viaggio. Si sbarca a Calais e si attraversa la Manica. Con un vecchio bus a due piani ci portano a Londra. Si Arriva a Sant'Alban, una vecchia città romana. Arrivati a destinazione, scendiamo e sostiamo in una piazza, dove c'erano circa quaranta operai tutti come me. Io ero in compagnia di due paesani, amici miei, tutti gli altri provenivano dalla Campania. Nessuno di noi sapeva parlare o capire l'inglese, solo qualche parolina imparata da piccoli nella guerra allo sbarco degli americani. Nessuno ci informava sul da fare e a gesti l'autista ci fece capire che per tre ore non si partiva e potevamo andare a bere qualcosa, senza allontanarsi però. Noi tre amici, tutti vestiti eleganti ci siamo diretti in un bar. C'era tanta gente, tutti giovani e una musica forte dello Juke box. Il barman ci domandò cosa valevamo, io presi una birra e chiedendoci forse quale io gli dissi di fare lui! Ci dette forse un bitter. Io, come i miei amici, non avevamo mai bevuto birra, sapevamo il nome dai film, forse. Erano così brutti di gusto che le nostre smorfie attirarono l'attenzione degli inglesi che ridevano, ci guardavano incuriositi e con interesse tre o quattro ragazze si avvicinarono e ci parlarono. Eravamo poi noi a ridere, ma chi le capiva! Presa confidenza, ci guardavano dalla testa ai piedi, fino a che ci siamo baciati tutti, poi arrivarono gli altri e il tempo passò in un momento. Le ragazze ci dettero foto e indirizzi e ci accompagnarono al bus. Da lì siamo ripartiti, destinazione ostello di prigionieri della guerra per lavorare a fare mattoni con la ditta London Breck Company, la più grande in Gran Bretagna. Arrivammo "in prigione" che era quasi mattino, ci portarono dentro una brutta camerata con delle brande, appena le vidi, mi fecero pensare quando ero soldato. Oh! Dio mio, dove ci hanno portato? Non può essere vero! Erano solo sei mesi che avevo finito la NAIA e ci si ritornava in un altro modo. Stanchi da tre notti e tre giorni di viaggio, quasi sfiniti della stanchezza, ci siamo messi in una branda a dormire. Verso le otto del mattino, alcuni si svegliarono e si raccontavano tutto quello che avevano passato la sera prima. Un vero bordello, molti provenivano dall'Abruzzo, dal Molise e dalla Campania, tutti operai che dormivano lì, circa trenta in una camerata. Apro gli occhi e mi domandai dov'ero. Pensavo di essere in caserma, rivolgendomi a quei ragazzi li pregai di essere buoni con noi, non dormivamo decentemente da tre notti. Era come se non avessi parlato, era tutta gente di campagna poco educata. Oh! Dio mio non è possibile! Ripetei la preghiera di farci riposare un po', ma se parlavi al muro, forse era meglio. Beh! Esclamai, allora ci siamo capiti, fate bordello, vedo che siete bravi. Un ragazzo arrivò dicendoci che se non andavamo a mangiare in fretta, la cantina chiudeva alle dieci. Erano le dieci meno un quarto! Ci guardammo con i miei amici, che facciamo? Andiamo tanto non si può dormire e siamo andati a fare il break fast. Appena arrivati in cantina, sentimmo un odore di lardo brutto che faceva vomitare quasi, ma che cos'è questa puzza? Chiesi. Io non mangia con quest'odore di certo! Dicevo ai miei amici di provare a vedere cosa ci davano da mangiare. C'erano solo delle uova fritte, "bacon" e fagioli al sugo. Ero meravigliato, Cos'era quella roba cosi strana? Subito, un cuoco polacco che parlava italiano, disse che doveva chiudere. Una sorpresa dopo l'altra. Ma dove siamo? Dove ci hanno portato? Io non ci sto qui! Io domani tornerò a casa! Gli amici mi spingevano a provare: vediamo non abbiamo visto nulla ancora! E ci credo bene chissà che cosa ci sia da vedere ancora dissi io!

Dentro era una prigione vera e propria, io non c'ero mai stato, ma non credo che sia peggiore Più tardi arrivò un interprete italiano e ci informò che da lì a poco sarebbe arrivato del personale che ci avrebbe spiegato tutto il regolamento. Più tardi arrivarono quattro persone e c'era anche un poliziotto. Ci scattarono delle foto e ci fecero riempire un modulo per la carta d'identità e ci assegnarono il lavoro. Un bus ci prese alle sei meno un quarto per arrivare alla fattoria e cominciare alle sette esatte. La pressa in fabbrica stampava circa tredicimila mattoni il giorno. Dalla pressa i mattoni uscivano due alla volta e li dovevamo sistemare su carrelli che erano trasportati alla fornace per essere cotti. Su un carrello si riuscivano a impostare circa mille e duecento mattoni, un lavoro duro anche quello, ma io ero abituato ai lavori duri, non era per me tanto male, ma tanti non ce la facevano e li rimpatriavano in Italia. La cosa più dura era invece che non ci si poteva mai fermare, la pressa poteva essere arrestata solo per emergenza e comunque solo per trenta minuti alle nove, una volta, all'una, una seconda volta. Per andare al bagno era necessario che qualcuno ti desse il cambio. Le ore di lavoro per settimana erano quarantasei e il sabato occorreva lavorare. Per tanti era durissima, io me la cavavo bene, anzi tutti i sabati facevo il pomeriggio di straordinario, c'era da pulire per la manutenzione di tutte le macchine. Si dovevano trascorrere cinque anni lì o si ritornava al paesello, non c'era altra via e tanti non ce la facevano e ritornavano. Questo era il contratto da firmare o via a casa. Passai cinque anni della mia vita giovane in quel posto. Il primo problema da risolvere era di trovare al più presto dove dormire. Una bella domanda! Bisogna darsi da fare Totò!

La sera, era domenica, gli anziani di quella fabbrica ci informano di tutto. Dove andare, con chi si poteva andare, la risposta era sempre a piedi. Il paese più vicino era Bletchley, ora una nuova e grande città, Milton Ken. A piedi per andare a ballare, lì si trovavano tante ragazze e con loro si ballava rock e roll, ballo di moda uscito negli States, molto popolare, una musica che faceva andare in allegria tutti quanta e faceva venire voglia di ballare. Io sono sempre stato un dilettante nel ballo e lo sono ancora, molto meglio adesso però. Solo uno dei miei amici venne a ballare, per vedere quello che c'era di nuovo, si doveva andare a piedi in un paese il vicino a tre miglia di distanza. Prima di andare a ballare ci recammo in un bar, e lì trovammo altri compaesani che pure loro sarebbero poi andati a ballare. Ci aiutarono a trovare dov'era la sala, noi non sapendo parlare era inutile domandare a qualcuno. Mi divertii davvero, il mio amico non tanto, era timido, ma io mi trovavo a mio agio e mi sentivo un po' spavaldo, essendo ritornato da soli tre mesi ritornato dal militare. Il problema era la lingua inglese, mi facevo capire a gesti e riuscivo a invitare le ragazze. Mi divertii tanto, a un certo punto il mio amico disse che dovevamo andare, l'indomani ci dovevamo alzare presto. Tornammo all'ostello di corsa, c'è tanta strada da fare. Arrivati all'ostello, nella camerata tutti dormivano, noi a piedi nudi siamo arrivati al nostro letto e ci siamo augurati la buona notte. I rumori del mattino ci svegliarono, ci preparammo per un'altra giornata di lavoro, il bus ci aspettava per portarci alla fattoria, i miei amici furono portati in un'altra fabbrica più vicino della fornace, ci volevano solo tre quarti di ora di viaggio. Il bus era pieno di operai di ogni nazione. Tutti gli anziani avevano un cartellino a tracolla, quelli nuovi ricevevano un tesserino con un numero ed era con questo numero che ci chiamavano e ci conoscevano. Tutti eravamo identificati con un numero, senza nome, per cinque anni, simili a prigionieri. Il mio numero era 114 ed era facile e corto, ma dentro cerano almeno trecento operai di tutte le razze. Il rumore delle presse era insopportabile e non si sentiva se uno parlava, si parlava a gesti e ti chiamavano Joe! Il lavoro era continuo, c'erano da impostare tredici mila mattoni sui carrelli uno a destra e uno a sinistra quando riempivi uno, incominciavi con l'altro. Questo era il nuovo lavoro tanto atteso, da fare per cinque anni! Ritorna sempre il problema da risolvere, quello cioè di trovare un buon posto dove abitare ed era un vero problema. Al lavoro seppi che c'era una città un po' più vicino dall'ostello, dove abitano un po' d'italiani, c'era pure un caffè italiano e alcuni operai che venivano a lavorare alla fornace. Non conoscendo chi erano dovevo andare lì a vedere in persona. Il sabato si finiva a mezzogiorno, mi cambiai e andai con un bus in questa città che si chiamava Aylesbury. Salito sul bus pieno di anziane signore, mi sedetti e sentii molti occhi puntati su di me, mi sentivo imbarazzato, dicevo tra me e me perché mai mi guardano? Ero vestito elegante, ero giovane, ma forse sono uno straniero, ma li guardavo pure io e sorridevo durante il viaggio che durò più di un'ora, anche l'imbarazzo. Il bus si fermò e l'autista annunciava la fermata di Aylesbury. Scesi e mi trovai in una piazza affollata. Mi domandai da che parte era meglio andare, mi guardai tutto intorno e vidi il Janet Caffè, mi venne un sorriso di sollievo, andai dentro e chiesi un caffè, la ragazza al banco mi disse yes! Servendomi il caffè, mi stavo per sedere quando ho sentito tre giovani parlare italiano, allora mi avvicinai a loro per chiedere se potevo sedermi con loro, dissi che ero solo ed era tutto il giorno che non parlavo con nessuno. Sorrisero e ci presentammo: Vittorio da Pescara, Tonino dall'Abruzzo, Gino da Lecce ed io! Salvatore dalla Sicilia. Ci raccontammo tutti i nostri problemi, loro erano da tanto tempo che abitavano nel paese e parlavano bene l'inglese. Vittorio era un bel ragazzo, la sua famiglia abitava in Inghilterra, lo avevano raggiunto dopo la fine della guerra. Abitavano in una fattoria da quando lui era piccolino e suo papà preso prigioniero resto in Inghilterra a lavorare. Gli chiesi se poteva darmi una mano a trovare dove abitare, altrimenti sarei dovuto tornare al paese. Vittorio che era simpatico, gentile e umano, mi prese a cuore immediatamente e m'invitò ad andare con lui per vedere se la sua mamma poteva aiutarmi. Tonino, un po' più alto di me, simpatico anche lui, mi disse che provvisoriamente potavo abitare con lui visto che aveva una camera doppia, lui lavorava sempre di giorno alla stessa fabbrica dov'ero io. Se la mamma di Vittorio non ti aiuta, mi disse, ci arrangeremo fino a che troviamo dove abitare.   Gino era un meccanico, si dispiaceva di non potere aiutarmi perché lui abitava con la sua mamma e la casa era piccola. Diventammo amici e anche adesso siamo come fratelli.

La fermata dove abitava Vittorio, era in un villaggio vicino, ma prima doveva prendere il treno e poi alcune miglia a piedi per arrivare a casa della mamma, dove la padrona le aveva dato una casa con tre appartamenti, in una abitava la mamma, in un altra la sorella, una era vuota. Mi sentivo molto più tranquillo ora che avevo trovato dei veri amici, non c'eravamo mai visti, ma mi dettero tanto calore e gentilezza che mi fece sentire benvenuto.
Strinsi con Vittorio una forte amicizia e un buon affiatamento.  Veniva sopranominato Vittà! Con lui prendevamo il treno insieme. Un giorno andammo da sua mamma. La strada fu molto lunga, ma arrivammo sani e

salvi! Lui bussò alla porta, chiamò sua mamma annunciando che era con un amico. Una simpatica signora ci apre la porta e mi sorrise, io le dissi che ero felice di conoscerla e mi presentai. Mi fece cenno di sedere e mi offre il caffè chiedendomi se volevamo mangiare. Vitta disse di sì, avevamo fame era vero, poi dovendo andare a ballare la sera forse era meglio mangiare. La cucina era all'inglese mi disse la mamma di Vittorio e si scusava perché non aveva la pasta, mi disse che la faceva lei perché in paese non si vendeva, occorreva andare a Londra. La prossima volta me l'avrebbe preparata. Aspettammo il marito per mangiare, sarebbe arrivato a momenti. Il papà di Vittà lavora alla fornace da quando era prigioniero, lavorava in Inghilterra da quando era finita la guerra. Subito dopo, infatti, aveva fatto trasferire tutta la sua famiglia da lui. In Italia abitavano a Pescara. Da dieci era una famiglia che si era ritrovata unita anche se in un altro Stato europeo. Anche la sorella di Vittorio, Bianca, lavorava insieme al marito sempre alla fornace. Raccontai che ero appena arrivato, e al momento alloggiavo all'ostello, dove non mi trovavo a mio agio ad abitare lì. Avrei dovuto trovare casa, altrimenti le dissi che sarei tornato in Italia. Poi le ricordai che Vittorio pensava che potessi essere aiutato da lei. La pregai se era possibile di aiutarmi. La signora mi confortò, mi disse che poteva darmi l'appartamento vuoto, ma bisognava chiedere ovviamente al proprietario. Se avesse accettato, avrei comunque percorrere dieci chilometri in più per andare a lavorare, ma questo non era il problema più importante, avrei acquistato una moto. Mi fece conoscere tutta la famiglia, una simpatica e generosa famiglia. Poi mangiammo e subito dopo tornammo in città a trovare Tonino.

Arrivati all'appuntamento tutti e tre andammo a ballare, mi portarono in una bella sala piena di belle ragazze e una grande orchestra che suonava il mitico rock and roll.

Chiesi ai miei amici che volevo ballare e loro m'incoraggiarono a farlo invitando le ragazze. C'erano ragazze americane soldate che andai a invitare! A una bella ragazza americana le feci un cenno con la testa, all'americana, e lei facendo un sorriso si alzò per cominciare a ballare. La conversazione fu di poche parole, perché non ero capace di parlare inglese e lei l'italiano. Ma mi sorrise ugualmente: <<I don't understand>> e scoppiammo a ridere, ci tenemmo stretti e diventammo amici subito! Ballammo tutta la sera. Finito il ballo, Toni m'invitò dormire a casa sua. Lo ringraziai, dove potevo andare a quell'ora?

La domenica ci mettemmo a cercare dove abitare, cercammo dappertutto, era tutto tempo perso. Toni mi consigliava di stare con me fino a che trovavamo qualcosa. Ma disturbo, le dissi. Ma no, rispose lui, ci arrangeremo! Potevamo tenere il letto sempre occupato, io lavorando di notte e lui di giorno non era un problema, quando gli dissi così, ci siamo messi a ridere, e mi convinse che era mille volte migliore di dove ero. Così andai a prendere tutta la mia roba e per il momento ho dovuto dormire con Tony, abusando della sua gentilezza, ma era solo il bisogno di scappare dalla prigione, per il momento, fino a che troviamo qualche altro posto, non era facile però. Due settimane dopo, Vittorio mi chiamò, mi disse che la sua mamma mi dava l'appartamento. Potevo andare quando volevo, l'appartamento era già pronto, mi davano pure da mangiare, c'era da pagare qualcosa, non era un problema per me. Ero pieno di gioia, ma che importava quanto pagavo, Vittà e Tony erano due veri amici, sarei stato sempre riconoscente, erano molto generosi davvero. Ora non mi restava che comprare un moto. Mi portarono in un garage di motociclette e comprai una bellissima moto, una centocinquanta di cilindrata della Triumph Motor, a rate da pagare ogni fine mese.
Ora avevo tutto, ritornammo dalla mamma di Vittorio tutti tre. E lì ci fecero festa tutto il giorno, era una famiglia meravigliosa, davvero gentile e generosa. Io ero tanto felice quel giorno, avevo veramente tutto. Mi si apriva un periodo di serena vita. Spesso, Bianca, la sorella di Vittorio, mi faceva mangiare con lei e il marito Pasqualino, un altro che era diventato mio amico. Lei mi trattava affettuosamente, mangiavamo insieme le stesse cose. Mi lavava i panni, mi sentivo come a casa mia, tutte le sere si rideva, si ballava, ci sentivamo tutti una famiglia, c'era una vera gioia in tutti noi. Un giorno Vittà mi presenta una sua cugina, Rosanna, era bellissima con degli occhi splendidi, poco più alta di me. Andammo al cinema, diventammo amici, cantavamo fuori

assieme, ma non voleva andare a ballare, solo al cinema, lei ancora andava scuola e tante volte da scuola la portavo a casa, la sua mamma mi faceva tante domande anche che non riguardavano direttamente me. Io stavo sempre nel vago quando questo succedeva, non era mia abitudine parlare di cose non mie; lo stesso faceva la mamma di Bianca, tutte e due volevano spesso sapere tutt'altro. Avevo addosso una brutta sensazione, cominciai a sentirmi un po' usato. Comunque me ne stavo sempre in sordina, forse per questo alla mamma di Rosanna non stavo simpatico, ma a me Rosanna piaceva, davvero tanto, ma dovevo stare lontano da sua mamma. Voleva che Rosanna facesse la modella, era una sua fissazione, si era montata la testa per sua figlia e lo stesso aveva finito per fare anche lei. Ogni volta che ci incontravamo non faceva che parlare di fare la modella. Io cercavo di farle vedere la realtà, era difficile, ci volevano conoscenze per arrivare ma oramai credeva alle ragioni di sua mamma, non me. Non voleva venire a ballare, mi diceva che non sapeva ballare, ma voleva fare la modella, strano! Le chiesi come poteva fare la modella che voleva dire spogliarsi quasi nuda! Le chiesi: <<Dimmi come fai?>>. Poi notai che i genitori di Rosanna erano andati a scuola, mi accorgevo che avevano le menti dormienti, non sapevano nulla e mi facevano tante domande curiose e senza un motivo, incominciai a tenerli distante, per evitare di fare pettegolezzi, così, invece di avvicinare la parentela ci allontanavamo. Persone curiose!

Un giorno Rosanna ed io eravamo in un mercato e incontrammo sua mamma, mi chiese se la portavo a casa sua con la mia moto. Rosanna le disse se stava scherzando. Le rispose di no, se la portavo, disse, poteva evitare di aspettare il bus, quella sera aveva finito tardi di fare la spesa e voleva rincasare presto. Voleva andare a tutti i costi sulla moto. Mi guardarono per capire cosa stavo pensando e, infatti, mi dissero cosa ne pensavo. Per me non c'è nessun problema risposi, se lei voleva andare in moto, potevo portare prima la sua mamma e poi lei. Così si fece. Misi la spesa nel portabagagli e lei dietro di me, le dissi di tenersi forte, si era seduta come si sedevano le donne in moto, con le gambe assieme, ma così era pericoloso le feci notare. Così o niente, mi rispose. Allora la raccomandai di stare ferma e di tenersi sempre stretta a me, di non guardare se le faceva paura, ci volevano circa quindici minuti per arrivare. Partimmo, dovevamo percorrere circa quattro chilometri di strada nazionale e poi una strada privata che andava dritto a casa sua. Andavo piano per lei, le chiesi se andava tutto bene e mi rispose che era tutto ok! Mi diceva che era bello andare in moto anche perché si arriva subito, era una bella cosa comunque. Lasciai la strada nazionale per imboccare una strada molto stretta che correva lungo un prato d'erba, a un tratto lei si mise a gridare. Oh! Dio! Oh! Dio! Mi fermai subito, ma lei saltò prima che io potessi fermarmi e cominciò a rotolare dietro di me e a gridare istericamente. Finii di fermarmi, lasciando la moto andare per terra per soccorrerla in meno tempo possibile, avevo una grande paura, la guardai ed era tutto a posto, ma gridava da matti, oh Dio! Che cosa è successo? È ancora viva? Oh Dio! Che paura, che paura! Cosa diavolo succede? Cercavo di calmarla, ma gridava ancora di più, provavo a farla stare tranquilla dicendole che si era fatto nulla. Non riuscivo a calmarla, diventava sempre, sempre più isterica, le diedi allora uno schiaffo. Si calmò, la feci alzare, la guardai tutta non aveva un graffio, la feci camminare per capire se sentiva dolori, per fortuna, tutto era andato bene. La feci sedere e con calma le facevo capire che dovevo andare a prendere Rosanna, che aspettava il mio ritorno, le assicurai che sarei ritornato in dieci minuti. Si era ripresa, poteva stare sola per un po', ora era serena e mi disse di andare che si sentiva bene e ce la faceva a stare sola. In cinque minuti arrivai da Rosanna, la presi subito e le raccontai tutto. Rossana se l'era immaginata la situazione, sapeva che non sarebbe arrivata a casa, sua mamma non ascolta mai nessuno, mi domando se davvero non si era fatta male. La rassicurai, per fortuna era successo tutto sull'erba, si era sporcata solo un po'. Rossana era arrabbiata, a voce alta pensava che quell'incidente le avrebbe fatto imparare qualcosa, forse ad ascoltarla di più. La testardaggine era sempre stata È sempre testarda, diceva Rossana lungo il tragitto. Arrivammo subito da lei, stava ancora lì, per fortuna nessuno ci aveva visto o sentiti, era una strada di campagna, c'era solo bestiame. Quel giorno, grazie a Dio, era andato tutto bene!

Dopo alcune settimane dall'incidente, incontrai Teresa, un'altra loro cugina, diventammo amici e cominciammo a frequentarci. Teresa era più bassa di me, era simpatica, intelligente, furba, ma anche lei testarda e pure bugiarda. Poteva essere una mia probabile fidanzata, ma stavo sempre molto attento da quando scoprii che non mi potevo fidare tanto di lei. Le avevo chiesto se avesse mai avuto una relazione, mi disse: no mai! Le chiesi ancora se avesse avuto un fidanzato: No! Ma rispose di nuovo,…, veramente un amico così-così! Un giorno d'estate mi portò prima a messa e poi con la moto andammo dove lavorava lei, poi a casa sua ci siamo messi a guardare foto della sua famiglia. Vidi di sfuggita che a un tratto ne nascose alcune, io feci finta di niente, ma capii che non voleva che le vedessi. Rimanemmo a scherzare e a giocherellare. Mi chiede se volevo un caffè e le risposi in maniera affermativa. Mi chiese di andare con lei, ma le risposi che preferivo rilassarmi un po' in poltrona. Sapevo, dove aveva nascosto le foto, le trovai subito, insieme c'era anche una lettera del suo ex fidanzato, era un carabiniere e forse sposato, la posa era molto intima, la lettera non riuscii a leggerla, misi tutto al suo posto in fretta, forse, però non ci riuscii perché lei mi esclamò: <<Che fai lì?>>. Niente! Risposi e mi alzai. Le domandai se avevo fatto qualcosa di male e lei lasciò stare. Ci prendemmo il caffè, ma in quell'istante volevo darle della bugiarda, mantenevo comunque la calma e feci finta di nulla, ma qualcosa era cambiato. Ai miei occhi mi appariva un'altra persona, sapevo cosa era una grande bugiarda, io lo sapevo ma lei no, e volevo vedere, dove arrivava.

Continuammo per un po' come prima, da amici andavamo fuori a ballare, al cinema, come se niente fosse accaduto, tanto io ero solo e non avevo nulla da perdere, mi bastava essere solo amico, stavo con i sui cugini e sua zia mi trattava come uno di loro. Dovevo quindi stare in sua compagnia se volevo frequentare anche la famiglia. Non si faceva abbracciare, mi teneva sempre lontano appena vedeva che io la volevo stringerla, mi dava per questo del matto! Le sorridevo. Era una brava ballerina, tante volte andavamo dalla zia e lì si ballava sempre; il proprietario della fattoria dove abitavamo quando era presente ci diceva che eravamo i migliori a ballare e molti veramente ci guardavano ballare. Il divertimento non mancava, ce n'era per tutti; ogni settimana si ballava, si mangiava e si rideva, è stato uno dei periodi più spensierati della mia vita, sei mesi di vita tranquilla!

Una rivoluzione improvvisa!

In un giorno ci fu un vero e proprio stravolgimento dei miei giorni sereni.

Tutto cominciò quando aprivo la bocca, sentivo un doloretto freddo in un dente vicino a uno dei molari nella parte sinistra della bocca. Un dolore forte che mi dava alla testa, la mamma di Bianca mi suggerì di prendere un antidolorifico di nome. Prendevo queste pastiglie notte e giorno, lavorando di notte mi aiutavano a sopportare il dolore. Andai comunque da un dentista per farmi aiutare; lui parlava, ma io non capivo molto quello che diceva, erano appena sei mesi che mi trovavo in Inghilterra. Parlavo io con lui ed era la stessa cosa, non capiva. Forse mi avrà detto che bisognava estrarlo, sta che per tirarmelo mi mise un ginocchio al petto per appoggiarsi in un punto dove farsi forza. Tirò il mio primo dente dalla mia dalla mia bocca di leone; ancora oggi conservo il vuoto nella bocca, nonostante le altre cure successive. Per riuscire a tirarlo lo fece in pezzi, il risultato fu un buco che non si cicatrizzava con le conseguenze che si possono immaginare, prendevo continuamente quella medicina antidolorante dal nome "anodine" per aiutarmi a resistere. Una notte, mentre lavoravo, mi sentii male, mi veniva da svenire, mi mancava l'aria, non era permesso fermare la pressa dove lavoravo, ma fermai tutto lo stesso, andai fuori, avevo bisogno di prendere un po' d'aria. Appena fuori, ricominciò a girarmi la testa, andai a terra e non vidi più nulla. Svenni vicino l'entrata dei tram elettrici che portavano tutti i mattoni prodotti nella fornace. Io ero steso sul binario, ancora vicino a una curva, nascosto alla vista del tramviere. Mi svegliai appena un po' durante che mi mettevano nel letto dell'ambulanza, avevo avuto il tempo di notare due persone, il mio padrone e il capo squadra che mi chiedeva dove abitavo. Invece di portarmi in ospedale mi portarono a casa, dove abitavo con la famiglia di Bianca. Erano le tre o più del mattino, gli diede la chiave dal mio alloggio e aprirono, mi misero a letto e resta solo; nessuno sapeva nulla di me, nessuno aveva sentito che ero ritornato prima del solito. Stetti male per più di un giorno e una notte, svenivo continuamente, finii in coma. Mi portarono in ospedale ad Aylesbury, era il dicembre del '55, mi operarono subito, mi salvarono la vita. Non ho mai saputo chi mi salvò, mentre in molti si sentivano in colpa.

Dopo operato, mi svegliai dal sogno che stavo facendo. Mi sembrava che tutto il mondo passasse sotto di me veloce, ero con i miei piedi fermi in un solo punto, tutto il mio corpo andava come il mare, su e giù, tutto passavo veloce sotto di me. Con la testa all'estremità del mio corpo, la girava da una parte e dall'altra per vedere sotto, montagne, pianure, mare, città, paesi, boschi, girava tutto il mondo intero sotto di me, mi sentivo come un uccello che volava, senza paura, piuttosto piacevole, una certa serenità quasi totale, quasi a volerci restare, si mi sentivo bene lì, infatti, appena svegliato, ci volevo ritornare, ma trovavo tanta difficoltà, ci andavo quasi vicino, ma soffrivo e lottavo per arrivare dove ero prima, senza però più riuscirci.

Quando aprii gli occhi e mi vidi disteso in un letto e tutto pieno di tubi, dalla testa i piedi, con attorno tanti letti con altri malati, incominciai a chiedermi cosa era successo. Stavo sognando? Volevo ritornare al mio sogno, ma non ci riuscivo, aprii di nuovo gli occhi, mi toccai, ma toccavo tubi di plastica dappertutto dai piedi fino alla testa, nello stomaco, nei piedi, nel naso. Non stavo sognando, mi resi conto che era tutto vero. Mi chiesi comunque perché ero lì! Mi misi a gridare: <<C'è qualcuno?...Chi mi dice dove sono?... perché sono qui?...Cosa mi avete fatto?>>. Le infermiere corsero al mio letto, mi sembrava di conoscerne una, sì già la conoscevo di nome quando andavo a ballare, ma non sapevo che faceva parte dello staff ospedaliero. Fu lei a rivolgermi la parola, ma riconoscendola le dissi subito che cosa si facesse lì, naturalmente erano frasi fatte, un'infermiera in ospedale che ci fa? Ci lavorava! E lei ovviamente così mi rispose: <<Io lavoro qui, grazie a Dio ce l'hai fatta!>>. Approfittai subito nel chiedere informazioni più precise sul mio stato di salute: <<Ma che mi avete fatto?...Perché ho tutti questi tubi?...Che cosa è

successo?...Voglio andarmene...toglietemi tutti questi tubi!>>. Poi mi rivolsi più amichevolmente dicendole che ricordavo solo quella sera e che mi sentivo bene. Avevamo ballato tutta la sera insieme con gli altri. Certo che lo ricordava, mi disse, eccome! Poi mi cerco di rasserenarmi, ero molto debole e non dovevo affaticarmi. Parlò lei, mi racconto del miracolo che avevano fatto i dottori: mi avevano salvato! Lei mi confessò la sua paura che non l'avessi fatta, ma per fortuna tutto era andato per il meglio. Poi mi spiegò in pratica che cosa mi era successo allo stomaco. Era perforato, per questo era stato necessario operarmi d'urgenza. Mi disse che riconoscendomi quanto ero stato portato in ospedale mi riservò un'attenzione particolare, ma in realtà dovevo ringraziare la mia tempra che aveva vinto o la battaglia. Poi mi ordinò dolcemente di riposare. Mi diede un bacio in fronte e se ne andò. Grazie Betty!

Svegliatomi dopo un lunghissimo sonno, ho chiesto che giorno fosse, mi dissero che era il 22 dicembre e se ne andarono. Iniziavo a ricordare da solo un po' tutte le cose. Sabato undici, poi domenica, lunedì tredici andai a lavoro e poi? Finii all'ospedale, quindi dal 13 novembre ero in quel letto. In mezzo non ricordavo nulla, buio per nove giorni. Volevo riaddormentarmi, ma non ci riuscivo. Volevo tornare in quel sogno per continuare a viaggiare e quindi mi forzai a dormire, riuscendo nell'impresa. Mi risvegliai tutto sudato, c'era un caldo da morire, poi nella mia testa si riaffollavano le solite domande: <<Dove sono?...All'inferno?...Cosa ho fatto?>>. Era notte, sentivo un grande caldo, finalmente riuscii ad aprire gli occhi; vidi un uomo davanti a me e una stufa rotonda di ghisa, un tubo usciva di sopra e andava diretto nel soffitto; quest'uomo vicino alla stufa con un bastone di ferro girava il fuoco, era tutto incandescente, vedevo alternarsi il rosso e il bianco, uscivano scintille da tutte le parti. Vidi che riempiva il contenitore di carbone. Il mio letto era a un metro di distanza, ero tutto sudato e bagnato. Lui continuava a ventilare sul fuoco per ravvivarlo ancora di più, il caldo aumentava. Non capivo più niente e mi misi a gridare che la smettesse di fare più caldo, io non ce la facevo più a resistere a quel calore. Gridai: <<Cambiatemi da questo posto...portatemi via da qui...al

più presto>>. Urlavo tanto da svegliare a tutti, vennero al mio letto in tanti, tutti quelli che lavoravano lì di notte fino le madri religiose, i capi sala. Non so se per calmarmi o per farmi tacere mi ricambiarono dalla testa ai piedi e mi portarono in fondo alla sala, spostato da lì, mi sentivo già meglio, il caldo insopportabile almeno non c'era più. Flebo e sacche di sangue si alternavano di giorno in giorno, ne contai diciotto di bottiglie bianche e rosse.

Da sei mesi mi trovavo in Inghilterra, stavo per trascorrere il mio primo Natale in ospedale, un bel regalo! Però, ironia a parte il regalo c'era per davvero, ci stavo rimettendo la pelle e qualcuno mi ha salvato.

Il giorno di Natale mandarono quasi tutti gli ammalati a casa, la mattina Betty, la mia amica, mi venne vicino, mi dette un bacio e mi chiese come. Si prese cura di me e m'incoraggiò ancora una volta: <<Ti trovo meglio oggi!...Un paio di giorni e ti rimetti in piedi, sei migliorato molto, sei in gamba, vedi che tutto andrà bene adesso>>. Mi baciò ancora una volta per salutarmi. A mezzogiorno servirono il pranzo, tutti i dottori di turno si misero a servire quei pochi di malati rimasti con me nella sala. Tutti stavano con i loro familiari, li vedevo scherzare e ridere allegramente. Io ero solo, solo con me stesso. Diventai triste. Mi sentivo solo, non volevo mangiare. Mi venne un attacco di rabbia silenziosa. Ero un giovane di ventuno'anni, in un fondo di letto, all'estero solo. Avevo solo le mani libere, un comodino vicino, mi venne l'impulso di rabbia e non riuscii a trattenerlo, spinsi quel comodino con la mano, mandandolo lontano un paio di metri, cadde a terra e fece un rumore assordante sparpagliando sul pavimento tutto quello che c'era sopra. Quelli che erano nella sala corsero da me, erano un po' allarmati. Vennero i medici a capire cosa mi stava succedendo. Volevo mangiare, tutti mangiano, io no, dissi con forza: <<Voglio mangiare!>>. Beh! Esclamarono i medici: <<sei stato operato allo stomaco e un po' presto, ma se la smetti di fare rumore e davvero vuoi mangiare perché no!..Cosa desideri?...Ti va un po' di petto di tacchino con purè di patate?...vediamo se ti va>>. Un'infermiera mi portò il pranzo e mi chiese se volevo fare da solo o preferivo essere aiutato. Assaggiai qualcosa, ma fu poco. Ero confuso e volevo riposare. Rifiutai il cibo, anche se l'infermiera cercava di farmi mangiare ancora qualcosa, ma dissi di no. Ritornai al mio sogno.

Avevo appena chiuso gli occhi che mi sentii toccare. Non credevo ai miei occhi quando ho visto Bianca accanto al mio letto. Mi domandò come stavo. Mi disse che tutti si erano spaventati e tanto! Era rammaricata per quello che avevo subito. Di certo si preoccupò, di nuovo, di farmi sapere che loro in famiglia non conoscevano le mie condizioni di salute. Non stavo più ad ascoltarla, ero solo contento che lei si trovava in quel momento vicino a me e la ringraziai per questo. Le chiesi come aveva fatto a venire in ospedale senza mezzi pubblici quel giorno di Natale. Mi disse che l'aveva accompagnata Pasqualino usando la mia moto. Voleva vedermi, sapeva che mi trovavo da solo e venne a trovarmi. Quella generosità non l'ho mai dimenticata, la gioia fu tanta, un vero regalo natalizio. A differenza di Teresa che doveva essere la mia fidanzata, Bianca mi venne a trovare e non era per niente obbligata a farlo. Che gioia quel giorno di Natale!

Quel giorno trascorse con il sorriso sul mio volto. La mattina di Santo Stefano, il medico che mi operò voleva sapere che tipo di medicina avevo preso in precedenza, ma non sapevo ancora dirlo in inglese. Venne allora un altro uomo con una valigetta piena di medicine, mi salutò e si sedette vicino al letto cominciando a mostrarmi tutti le scatole per tentare di riconoscere la confezione e il tipo di medicinale che adoperavo. Ne passò parecchie sotto i miei occhi e alla fine riuscimmo a trovare quella giusta. Mi ringraziò e salutandomi andò via. Più tardi il chirurgo venne da me, si sedette anche lui e mi disse che proprio quella medicina mi aveva perforato lo stomaco provocando una brutta emorragia interna. Per quel motivo mi operarono per salvarmi. Da lì a qualche giorno sarei stato dimesso, avrei potuto iniziare a mangiare con cautela, ma potevo ricominciare una vita normale.

Qualche giorno dopo si presentarono due infermieri per iniziare una ginnastica riabilitativa, dovevo provare ad alzarmi, camminare, sedermi. Erano premurosi, volevano aiutarmi ad alzare, ma li pregai di lasciarmi fare da solo, accettarono, anche se avevo dovuto insistere un po'. Provai ad alzarmi, la testa girava, girava e girava. Stavo per andare a terra, ma loro veloci mi presero e mi rimisero a letto. Ero ancora molto debole c'era da aspettare ancora qualche giorno. Se ne andarono. Qualche giorno dopo mi misero in piedi loro, ma tremavo notevolmente, erano più di due settimane che non alzavo la testa, stavo, però, recuperando l'equilibrio giorno per giorno. Cominciai a mangiare cibi leggeri e in parte liquidi. Avevo iniziato a fare qualche passo e stare in piedi. Passo dopo passo ritornai di nuovo alla vita, a rivivere. Finalmente fui dimesso trasferito per la riabilitazione completa in una casa di riposo nelle vicinanze di Oxford. Lì vi trovai clienti quasi tutti anziani. Ero il più giovane di tutti e fui chiamato Young Boy! Passarono altre due settimane per ristabilirmi. Fui dimesso e tornai a casa.

Ero tornato in forma o quasi, ma non me la sentivo di ritornare in quel posto a lavorare, almeno per un po'. Avevo sempre il problema di riuscire a trovare una casa per me e per un periodo non potevo permettermi di tenere il ritmo di lavoro di prima. I medici mi avevano raccomandato di non fare più per un lungo periodo lavori pesanti, era una raccomandazione che dovevo rispettare nei fatti, altrimenti sarebbe stato chiaro dove si poteva finire ancora. Trovai un altro ragazzo italiano che era disponibile a dividere la sua stanza con me e così feci andando ad abitare ad Aylesbury. Pagavo tre sterline alla settimana per l'affitto, una stanza con due letti in una casa molto grande di proprietà di un italiano. In quella palazzina ci abitavano circa una ventina di persone tutti con lo stesso affitto. Passarono quattro mesi per poi riprendere il lavoro. Tutto era diventato un po' più difficile, prima andavo a lavoro con la moto, ma l'avevo dovuta vendere perché non potevo più pagare le rate. Utilizzavo il bus della ditta per spostarmi da casa al lavoro e viceversa, che ci portava a lavoro, era molto più economico e meno faticoso per me, specie quando pioveva e faceva freddo, stavo spesso in casa poiché la mia paga si era ridotta, dovevo fare economia in tutto.

La mia paga era soltanto di cinque sterline la settimana, ne pagavo tre di alloggio con due dovevo pagare tutto. Lavoravo in una trattoria, dove tutti gli operai andavano a mangiare. Dovevo servire il the e bevande per ogni turno. Poi pulire tutto e mettere tutto al suo posto. Eravamo organizzati a turno, tre. Finiti i turni, si puliva e si metteva tutto al suo posto, il mio lavoro finiva per le tre del pomeriggio. Ero libero fino alle cinque e mezzo. Il cibo mi era dato gratuitamente. Questo era il mio nuovo lavoro e mi dovevo accontentare. Preferivo il turno di notte. Finivo di lavorare alle cinque e mezzo del mattino per poi salire subito sul bus che ci portava a casa. L'alternativa era quella di tornare in Italia. Giungendo a casa avevo preso l'abitudine di riposare per alcune ore. Dovevo fare qualcosa, non potevo andare in moto perpetuo in quel modo. Decisi di studiare elettronica. Dopo di tutto avevo ventuno'anni. Lo studio mi piaceva, i miei genitori non lo fecero ed io volevo farlo adesso. Non avevo tempo da perdere, avevo deciso e bisognava agire, subito. Andai in una scuola a Londra, era molto difficile studiare in inglese, non conoscevo bene la lingua, non era una cosa facile.

Sapevo che in Italia a Torino esisteva la Scuola radio Elettra, una scuola per corrispondenza, presi la decisione di iscrivermi. Era un corso della durata di tre anni, per corrispondenza. Occorreva trovare il modo di pagarla però, non potevo chiedere aiuto a mio padre perché scelsi io di andarmene lasciandolo da solo nel lavoro. Dovevo riuscire da solo, come ai vecchi tempi. Dovevo quindi trovare al più presto un altro lavoro per non rinunciare a tutto e riprendere quella vita che non avevo voluto: murare, imbiancare e altro. M'incoraggiai da solo, non sarebbe stato un problema, almeno non per me. Intanto arrivarono le prime dispense dalla Scuola Elettra per iniziare a studiare e non mancavano le carte per pagare. Studiavo in tutti gli spazi di tempo libero, al mattino, sul bus e in tutti i momenti di tranquillità. Leggendo le prime lezioni trovavo la materia molto interessante e cominciai a prendere tutto molto sul serio. Lo studio mi piaceva tanto e lo gradivo. Non mi fermavo mai di leggere e non mi stanca nemmeno. Ora quello che cercavo era un lavoro per pagare le mie lezioni e da allora andava a fare tutto quello che trovavo; mi adattavo a tutto. Così presi a pitturare la casa, dove abitavo, il tirchio proprietario non voleva farla, ma lo convinsi, anche se mi pagò poco. Mi accontentavo comunque, dovevo accontentarmi. In tutti i week-end facevo qualsiasi genere di lavoro per pagare il mio corso che procedeva bene; la lettura era diventata la mia principale attività, quando salivo sul bus per andare al lavoro e al ritorno mi sedevo sempre dietro, all'ultimo posto per leggere più tranquillamente. Gli altri che viaggiavano sovente con me sul bus non capivano bene che tipo ero io, mi vedevano sempre leggere e qualcuno mi considerava un po' strano. Ma il problema era il solito, la maggioranza di loro era con poca conoscenza, il livello culturale era molto basso, alcuni erano analfabeti, erano simili alle menti dormienti, sapevano tutte le cose stupide, imparate a memoria, parlavano per ripetizione, ma la mente vuota. Il mio scopo era di studiare tutto il tempo che trovavo libero e portare a termine il mio corso al più presto. Il vero problema era che a nessuno potevo chiedere aiuto se non capivo qualcosa della materia che studiavo.

I miei genitori erano preoccupati per la mia malattia. Appena saputo quello che mi era accaduto mi fecero la guerra perché non li avevo informati; erano davvero preoccupati, volevano venire da me, volevano che io ritornassi, si preoccupavano che ero solo, e desiderano che mi sposassi. Ora devi avere una sposa, appena possibile, dicevano. Ogni lettera era uguale: <<Ritorna a casa...ti troviamo una sposa...Tu ne hai bisogno,..., devi farlo presto...Fallo per noi, ci fai stare in pensiero, guarda, conosciamo una bellissima ragazza è figlia di amici nostri, tu la conosci, dimmi che va bene per te, a noi piace, tu non sai come sì è fatta bella adesso...Tu la devi conoscere>>. Tutte le lettere erano così, proprio così, un rosario perenne! Io avevo altro per la testa, altro che sposarmi. La mia risposta si poteva immaginare qual era nelle lettere. A pensarci, avevo Teresa che mi teneva compagnia. Il fastidio che sentivo era più per l'obbligo imposto che per lo stimolo che mi davano i miei genitori. Durò a lungo la litania, dissi in una lettera di non impicciarsi più, che per me non era un'esigenza urgente al momento, prima dovevi finire il mio corso.

Mia madre non mollava mai, secondo loro non c'era nessuno che poteva sostituire la ragazza da loro scelta e mi annoiavano con il loro aiuto. Erano loro a scegliere la mia futura sposa. Il mio scopo era di studiare l'elettronica e finire il mio corso. Non mi davano tregua, mi fecero promettere che le prossime vacanze che mi davano, volevano vedermi in persona, a casa in Sicilia. Era agosto e decisi di andarli a visitare. La sera prima che partissi in vacanza, era venerdì, andai da Teresa a prenderla per andare a ballare, arrivati al ballo, trovammo un amico nostro, Gino, glielo feci conoscere, i suoi genitori erano di Pescara, ma lui non parlava italiano. Un giorno lo portai da Bianca nella sua famiglia, divenne un nostro amico, aveva la mia stessa età ed era meccanico e possedeva la macchina, una delle prime Ford sportive. Gino era una mezza testa calda, ma bravo e alto di statura. Disputavamo molto su chi tra noi era il più forte, ma in realtà eravamo pari. La competizione era quella che si trova tra amici giovani, un po' narcisi come noi un po' eravamo. Mentre ballavo, durante la serata, notai che Teresa stava prestando molta più attenzione a Gino che a me. Io non sono mai stato geloso, ma Teresa ci giocava un po', finita la danza volevo portare Teresa a casa, con la moto. Gino mi disse che la poteva portare lui essendo vicino casa sua: <<Ti risparmio tutta questa strada, non hai nulla in contrario?>>. Questo è quello che mi disse.    Teresa incoraggiò la proposta di Gino, dicendo che era una buona idea. Avevo capito la musica e li liquidai dicendo che potevano tranquillamente andare. Mi rimase solo di salutarli, Buonanotte! Dissi. A cavallo della mia moto partii da solo per andarmene a dormire. I fantasmi ovviamente arrivarono presto! Durante la notte non riuscivo a dormire, la mia mente era su Gino, il mio migliore amico, e, ovviamente su Teresa, la mia fidanzata! Deliravo, ma chi credevano di essere quei due? Non volevo vedere più nessuno. Detestavo più lei, sapevo già che era bugiarda, ma questa era nuova, già, lui possedeva la macchina, io no. La detestavo, mi faceva pensare di tutto. No! Non ci sto! Dovevo sapere la verità. Non dormii quella notte e rimasi a letto per tutto il giorno fino la sera. Mi alzai, mi feci un bel bagno, mi vestii e andai a ballare, immaginavo che sapendo che io ero partito loro di sicuro sarebbero andati a ballare lì. Dopo le nove e mezzo presi la mia moto e andai alla sala da ballo. Non mi ero sbagliato, entrando li vidi subito, stavano ballando, guancia su guancia. Andai al bar per comprarmi da bere e mi misi a guardarli per tutto il tempo. Gino si accorse di me, ma non ebbe il tempo di dire nulla perché fui io che parlai per primo: <<Bravi, bravi, ballate bene insieme…continuate, siete bravi, bravi davvero!>>. Gino mi salutò timidamente. Entrambi erano scossi e confusi a vedermi lì. Provò a giustificarsi,...non pensare che io... No! Risposi io, non ho nulla da pensare. Intervenne Teresa, ripetendo che stavano semplicemente ballando. Le risposi che non m'importava nulla, le dissi che era libera di fare quello che voleva. Le feci capire chiaramente che era finita tra noi. Soffrivo come un cane.

I miei programmi erano cambiati, mia mamma aveva vinto, quello che desiderava mia madre stava per avverarsi: sposare quella ragazza che loro conoscevano, di buona famiglia. L'indomani partii per l'Italia, pensavo, per scacciare il mio vero sentimento, che forse la ragazza di mia madre poteva veramente essere la sposa adatta per me, da loro conosciuta da una buona famiglia. Andavo in Italia contro la mia volontà a sposarmi una ragazza che non sapevo chi fosse. Così appena arrivato a casa passammo giorni a discutere, volevo convincere mamma e papà che era sbagliato quello che stava succedendo, che non potevano obbligarmi a sposarmi. La mamma non smetteva un momento per ricordarmi che difficilmente avrei trovato altrove una ragazza come quella che mi stavano per presentare. Non riuscii a convincerli, ma furono loro a convincere me. In verità, stavo accettando quel destino per dimostrare a Teresa che non stavo scherzando quando le dissi che avevo finito con lei, ma ero cosciente che stavo per essere obbligato a fare qualcosa per fare felici i miei genitori. Esaudivo un loro desiderio, non certo il mio. Mi fidanzai, questa era stata l'ultima mia decisione, stavo rispettando le usanze, ma non stavo rispettando me. Ci furono tante discussioni con i miei genitori per essersi intromessi sulla scelta della mia futura moglie, inutile era spiegare che era la mia vita e la mia felicità in gioco non la loro. Ma alla fine lasciai stare soprattutto per non dispiacere mia madre e poi pensai che fosse un rimedio per la mia tranquillità dopo quello che era accaduto fra me e Teresa. Mia madre era tanto felice che stessi per prendere moglie. Tutto il tempo che ero lì sempre la stessa cosa, questa è una ragazza bella, piacevole, buona moglie senza alcuni difetti, buona famiglia, bella personalità e carattere. Per loro quella ragazza era come una madonna e non si sbagliavano con il senno di poi. Lei si rivelò una buona moglie e con lei realizzai una grande famiglia, tutti sani e belli. E' ed è stata un'onesta compagna. Non le chiesero se sapesse leggere o scrivere. In genere, la generazione dei miei genitori aveva la mente dormiente, quei genitori mandavano i loro figli in convento già da piccoli, le femmine imparavano a ricamare per poi dotarsi del famoso corredo. Probabilmente lo stesso fece la mamma, la nonna e la bisnonna. E lo stesso fece Lisa, i primi miei due figli furono mandati in convento. Era più importante il ricamo che saper leggere e scrivere, questa era la caratteristica nell'era delle menti dormienti. Avrei sposato una moglie analfabeta. Potete immaginare il mio orgoglio avere una moglie illetterata. Oggi però questa caratteristica si rivela come dono di Dio!

Tornai in Inghilterra dopo quella vacanza estiva, ripresi il mio corso, lo scopo era quello di finire il mio studio; era quello che speravo con tutte le mie forze. Ripresi a lavorare di notte, era un bene per il mio corso, finito il mio turno avevo tempo libero, la giornata intera per studiare in tutta tranquillità. Questa maniera mi aiutò a finire molto prima, e questo mi diede gioia. Era stata dura, ma alla fine ce l'avevo fatta. Non è stato facile imparare tutte le formule, i segreti dell'elettronica, tutto appariva come il corpo umano e un medico; dovevi imparare a riconoscere i sintomi dei vari apparati elettrici per intervenire nei guasti, avevo imparato a fare le diagnosi e a trovare la soluzione, i rimedi. Radio e Televisori non avevano più segreti per me. Avevo imparato le centinaia di frequenze che attraversavano quegli apparecchi, sapevo quali erano le parti pericolose, attraversate dall'alta tensione. Mi ero perfezionato nei calcoli e così via. Il mio inglese non era tanto buono e per questo feci un corso in Italia, prendendo però poche lezioni dall'insegnante per mancanza di denaro. Ho dovuto imparare poi da me la maggior parte delle altre cose. Subivo un po' il fatto che non avevo comunque nessuno vicino per sapere se le cose erano giuste o sbagliate. Quando qualcosa non mi era del tutto chiara, dovevo leggere alcune volte per essere sicuro. C'è voluta tanta pazienza, ma anche caparbietà e persistenza da parte mia. E il motto di mio padre mi tornò puntualmente: <<Non era facile, ma non impossibile>>. Stavo lavorando ancora alla London Beck Company come da contratto di lavoro. Potevo lavorare ancora per dieci mesi; ero vicino alla conclusione del mio corso di elettronica, ciò mi dava più tempo di fare altro lavoro come gli intonachi, verniciatore, imbianchino ecc. Stavo facendo di tutto per finire di pagare il mio corso e mettere da parte i soldi per il mio matrimonio. Mio padre promise che sarebbe stato lui a pagare tutto e lo fece con stile e modernità, con dolci speciali e champagne per tutti. Pagò tutto! Tentai ancora per qualche volta di trovare qualche giustificazione per non sposarmi e una fu proprio la scusa di avere pochi soldi. Ma lui, su questo, mi tranquillizzava sempre, mi diceva che tutto era pronto, mancavo solo io, già mancava solo lo sposo! Mi chiedeva a proposito tutte le volte quando sarei tornato al paese per fissare la data delle nozze. Non avevo scelta, dovevo ubbidire ancora, dovevo nuovamente farli contenti. Lo scopo di mio padre era sempre quello di farmi ritornare definitivamente a casa e riprendere l'attività con lui. Ricordo che prima di finire il militare nel '54, mio papà mi preparò tutti i documenti per essere un impresario, avrei lavorato con le Ferrovie dello Stato, presa la direzione al suo posto. Questo era quello che in cuor suo desiderava, aveva trasmesso tutta la documentazione alla Direzione regionale e aspettammo alcuni per la chiamata. Mi ero congedato e restammo ancora in attesa, ma era solo attesa. Passarono otto mesi senza esito e decisi allora di emigrare. Erano passati quattro mesi da quando ero in Inghilterra e arrivò la tanta desiderata chiamata delle Ferrovie, papà mi telefonò immediatamente, voleva che io tornassi subito, ma mi rifiutai. Perdetti un'occasione? Chi può provarlo! Ora, sposandomi, mio padre voleva che lo facessi davvero l'impresario e non solo sulla carta perché ero iscritto da tre anni all'albo dei lavori delle Ferrovie dello Stato. Ma ancora una volta questa non era la mia idea. Non avevo intenzione di tornare a lavora con lui. Non era inimicizia, ma volevo fare da solo. Stavo ottenendo attraverso i miei sacrifici e lo studio di essere un tecnico elettronico, era il mio più grande desiderio tanto voluto da piccolo. Per me sarebbe stato come se avessi avuto una laurea universitaria, e non solo un diploma, ma valeva di più perché ce la stavo facendo da solo, in un altro paese, in un altro mondo che non parlava la mia lingua. Forse per molti non è immaginabile e forse non è comprensibile, ma per me era tutto, era immensa gioia di riuscire. Da operaio comune, da emigrato stavo risalendo la china con le mie mani e con la mia testa. Avrei desiderato che anche mia moglie mi capisse.

Ruotavano come le lancette di un orologio le parole di mio padre, ..., volontà, pazienza, perseveranza! Era nella mia ambizione riuscire, e tutto questo si stava avverando. Ora era tutto pronto e progettato per me.

Il mio matrimonio si sarebbe celebrato il 28 dicembre del 1959. Avevo a disposizione solo due settimane di ferie, non un giorno di più. In due settimane dovevo sposarmi e portare la mia futura moglie in Inghilterra. Partii il 22 dicembre per la Sicilia, alla volta delle mie nozze, il giorno più bello della vita, dicono tutti. Anche in Sicilia tutto era pronto, tutti i familiari con i loro bei vestiti, come pure gli invitati. L'usanza del paese si replicò puntuale, tutti gli invitati andarono a prendere la sposa a casa e l'accompagnarono in chiesa insieme a tutta la sua famiglia. Lo sposo con il testimone doveva aspettare la in chiesa. Così stavo facendo quando arrivò a casa mia il sacrestano, aveva avuto incarico dall'arciprete di dirci che occorreva pagare prima che si celebravano le nozze. Non ho soldi in questo momento, le risposi! Lo tranquillizzai, almeno ci provai, gli dissi che l'avrei pagato dopo, aggiungendo che poteva calmarsi, non ce ne saremmo di certo andati. Se non mi pagate, l'arciprete non può sposarti, replico. Di nuovo gli dissi se stava scherzando per Dio! L'arciprete ci conosce tutti, da piccolo gli facevo le commissioni che mi comandava, non si era sicuramente scordato di me. Avevo il sospetto che il prete ci stava provando, voleva secondo me fare il furbo e tentare l'occasione di racimolare qualche lira. Arrivò mio padre che lo conosceva bene e lo mandò al diavolo. Il problema fu risolto e mi misi in cammino con il mio compare verso la chiesa. Aspettai lì la mia futura sposa. Mi sentivo nervoso dopo di quello che era successo. Mio compare mi diceva di non pensarci più, ma in verità erano altre cose che mi turbavano. La sposa stava arrivando, era accompagnata da centinaia d'invitati che la seguivano.

Era bellissima e radiante, arrivata al mio fianco davanti all'altare suo padre mi fece un sorriso e aggiunse. <<Ora è tutta tua!>>. Mi venne un tremolio alle gambe, lei mi sorrise. Guardai dietro, c'erano oltre trecento invitati, tutti ci stavano osservando e all'improvviso il suono dell'organo irradiò tutta la chiesa. Ci fu un generale battito di mani, mi sentivo nelle nuvole, stavo per sposarmi davvero, senza il mio volere, era tutto vero! I miei genitori mi stavano addosso con gli occhi, io volevo scappare, volevo gridare, nella mia testa mi davo forza, il sacerdote iniziò a parlare, io non lo sentivo, non capivo quello che lui diceva, guardai la sposa, le presi la mano, tremava anche lei, questa volta fui io a sorriderle e la rassicurai: <<Stai tranquilla!>>. Mi sorrise a sua volta pure lei, i nostri occhi si coccolavano a vicenda. Guardai mia madre e anche lei con i suoi occhi mi supplicava di non farla morire,...ti prego...sii buono, questo mi disse con i suoi occhi! I nostri sguardi si erano capiti

davvero. Ero smarrito, guardavo ogni centimetro della chiesa che era tutta piena. Non avevo mai visto in una chiesa tutta quella gente. Non potevo scappare, sarebbe stata misera vergogna per mia madre. Ne sarebbe morta di certo! Mi tranquillizzavo da solo, mi dicevo che in fondo non è poi la fine del mondo! Guardai ancora una volta la sposa, non mancava il sorriso sulle mie labbra che le diceva com'era bella.

Tornai alla realtà. Il sacerdote, non so quante volte lo ripeteva, dopo averlo fatto con la sposa, mi diceva: <<Salvatore, vuoi Elisabetta come legittima sposa?...dimmi...lo voglio>>. C'era un silenzio assoluto, nessuno fiatava. Sì, Sì! Lo voglio, risposi! Scoppiò l'intera chiesa dal fragore di mani battute.

<<Ora siete marito e moglie!>>. Questo era tutto quello che io avevo sentito dal prete, in chiesa erano tutti felici e contenti. I miei genitori avevano vinto, ed io ero sposato adesso con Elisabetta, Lisa, il diminutivo! Cinquantuno anni trascorsi con me, quattro figli, sei nipotini, mentre scrivo. Di sicuro abbiamo una bella e grande famiglia adesso. Finita la cerimonia ci salutò e ci fece gli

auguri, alla bella moglie poi i genitori e tutti gli invitati, non finivano mai di baciarci, non ho avuto mai tanti baci in un giorno in vita mia.

Due giorni di festa occuparono quale usanza di allora il paese. Si mangiava, si beveva e si ballava in continuazione. Andammo tutti in una sala nuova di zecca, siamo stati i primi a inaugurarla, il proprietario era il fratello del mio nuovo compare, proprietario del cinema locale che era stato ristrutturato da poco. Era il mio regalo di nozze, il proprietario aveva voluto inaugurarlo con il mio matrimonio. Ma ero sicuro che in quell'iniziativa ci fosse stata l'idea di mio padre che faceva tutte le cose per prima e sempre in grande. Davvero lo fece con stile il mio matrimonio. C'era tanta gente, mai visti in un matrimonio, c'era lo spazio nella Sala, adesso c'erano dolci e spumante per tutti. Una novità per il paese, prima si servivano fave e ceci come da tradizione. Il dolce era solo per i ricchi.

L'orchestra, composta di otto musicisti e un cantante sembravano quella delle colonne sonore di un film, il film del mio matrimonio. Gioia e felicità mai vista e difficili da dimenticare. Era la più bella esperienza della mia vita, ma sentivo qualcosa d'incompleto dentro di me. Iniziai comunque a ballare e fino a quando qualcuno non mi disse all'orecchio di smettere ero riuscito a danzare con tantissime dame. Quella vocina all'orecchio mi ricordò che per la notte avrei dovuto conservare molte energie irrinunciabili!

Cercai mio padre e lo ringraziai della bella festa che aveva preparato per me. Gli dissi che gli volevo tanto bene e ci abbracciammo. Lui mi ringraziò a sua volta, per avergli fatto fare la festa e un'ottima figura, mi dice che pure lui mi voleva tanto bene e che mancava davvero per me ricominciare insieme. Ero il suo primo figlio maschio e il suo braccio di destro, molti hanno pianto dall'emozione, specie i parenti intimi, sapevano tutto del mio passato. La festa continuava, si ballò fino a mezzanotte. Poi ci portarono a casa dai miei suoceri. La festa accontentò tutti, fu una grande occasione per il paese per una parentesi di allegria, chissà quando sarà stata l'ultima volta che il paese partecipasse a una festa di nozze così imponente. Per di più l'indomani sarebbe stato un altro giorno di festa. I festeggiamenti ricominciarono il mattino presto, erano circa le sei quando la "bollivate" apriva il sipario. Prima con caffè e latte e poi tutto il resto durante la giornata intera. Finita la seconda sera, mi ritirai con la mia sposa, eravamo felici per noi e per tutti.

Finalmente soli! Ero insieme a mia moglie. La conoscevo poco e non sapevo praticamente nulla di lei, abitudini, cosa mangiava o beveva. Anche lei era un po' imbarazzata, non era mai stata toccata da un uomo prima di me. Chiusi la porta di casa a chiave, sul tavolo c'erano molte specialità da mangiare, erano per noi due. La inviati a sedersi e a mangiare qualcosa insieme. Accarezzandole un braccio mi accorsi che tremava tutta. Le chiesi se sentisse freddo. Mi rispose un timido no. Mangia qualcosa le dissi. E nuovamente dalla sua voce uscii sottile no. Beviamo qualcosa allora! La incoraggiavo, ma mi disse che non beveva quasi mai. Le chiesi allora cosa desiderava in quel momento. La risposta fu un po' più lunga: <<Nulla ora>>. Provai di nuovo a offrirle del cibo, pregandola dolcemente. Conoscevo oramai il suo no. Allora mi decisi e iniziai a mangiare qualcosa riempiendo però due bicchieri per fare un brindisi con lo champagne. Lo assaggiò appena, allora mi rivolsi da innamorato: <<Amore, non andiamo bene così…non…mangi…non bevi, ora sei mia moglie, occorre che insieme facciamo le stesse cose!>>. Continuava a tremare tutta, dai bevi un po' le dissi: no! Fu la risposta. Allora io bevvi la mia coppa di champagne.

Andai in camera per andare a dormire e in quello stesso istante andò via la luce elettrica. Restammo nel completo buio mentre lei riuscì a trovare un lume, lo accese e venne da me. A lei non piaceva comunque bere! Stavamo per addormentarci quando sentimmo una serenata che era suonata sotto in strada. Era la tradizionale serenata agli sposi. Ma la sorpresa fu che a suonarla c'era mio padre con la chitarra che cantava con i suoi vecchi amici della banda Li seguivo sin da piccolo!

Finita la dolce ninna nanna, stavamo per riprendere e sonno e bussarono questa volta alla porta. Ci dissero, e per questo mi si drizzarono i capelli, che dovevamo alzarci perché da lì a mezz'ora sarebbero arrivati tutti gli invitati. Risposi che era saltata la luce e che occorreva trovare un elettricista. Ci penseremo mi disse il capo gruppo, ma era necessario che nel frattempo ci si alzasse. Erano quasi le sei del mattino! Che notte! Quella notte.

La Bella vita.

Avevamo avuto appena il tempo di vestirci che i primi ad arrivare furono i miei cugini e i suoi, ci gridarono se eravamo pronti. <<Dobbiamo fare il letto, avete due minuti per venire fuori!>>. Appena usciti dalla stanza da letto entrarono in sei o sette di corsa e vanno a guardare il letto; m'incuriosivano i loro movimenti, cosa stava succedendo? Sentii una mia cugina che diceva: <<guarda qui c'è poco sangue!>>. Non capendo bene dissi direttamente a loro cosa erano venuti a fare, cosa stavano cercando con tanta fretta: <<Cosa cercate, per Dio!...Noi non abbiamo ucciso nessuno...cosa state cercando?>>. Una mia cugina mi disse che non era affare mio, che non potevo capire e quindi di stare zitto e tranquillo. Urlai dicendo che volevo tutti fuori. Dissi a loro che conoscevo la vita da sotto sopra, per lungo e largo e che sapevo trattare una ragazza alla sua prima notte. Non controllando bene le parole che dicevo, continuai dicendo che se volevano del sangue potevano andare da un macellaio. A quelle parole tutti mi guardarono, forse un po' stupiti, ma uscirono tutti. Ero sorpreso, cercavano la prova dei primitivi della verginità profanata. Cose da matti!

A mattina avanzata ci recammo a casa di mio padre, era ancora un giorno di festa per tutti anche se i festeggiamenti ufficiali erano terminati. In quei giorni stavo facendo la "bellavita", si mangiava, ballava, non si lavorava e ci si divertiva tutti.

L'indomani eravamo impegnati a preparare tutto per il trasferimento di mia moglie in Inghilterra. Tutti erano occupati, chi per un verso, chi per un altro. Ciascuno preparava una parte di quello che ci serviva e da portare con noi. Lisa non aveva un passaporto, dovevamo ottenerlo in poco tempo e non era facile in Italia. Occorrevano sei mesi e avevamo solo due giorni prima della partenza. Fu mio padre che trovò la soluzione, nessuna complicazione per lui. Altri documenti furono fatti durante la notte precedente, avevano aperto l'Anagrafe comunale per produrre i documenti utili al passaporto e che non erano pochi. Se non ci si fossero messi impedimenti sarebbe stato veloce rilasciare il passaporto. Ci riuscimmo, anzi mio padre ci riuscì. Il Regno Unito ci aspettava il giorno dell'Epifania. Il "motto" di papà aveva colpito ancora!

Eravamo piene zeppe di cose, avevamo ricevuto molti regali da tutti gli invitati, la dote della sposa era fatta da centinaia di cose, molte poi mai usate. Avevamo il baule della nonna da portare dall'altra parte della Manica. Eravamo pronti per partire. Era il 3 gennaio del '59.

La luna di miele

Da Palermo a Londra in tre giorni e tre notti. Questo era il tempo che ci restava a disposizione prima di tornare alla vita lavorativa che avevo interrotto. I nostri genitori e molti dei parenti vennero in stazione a Palermo, la metropoli siciliana! Cinque milioni d'abitanti partirono nel secolo scorso verso nuova vita e nessun posto preciso dove andare. Io sapevo invece dove dirigermi, ma non lo sapevano i miei e non lo sapeva nemmeno la mia sposa. Non avevo ancora avuto il tempo di parlarne, ma il viaggio era molto lungo e quindi ci sarebbe stato il tempo per farlo, almeno con lei. Ci salutammo, ci abbracciammo, lacrime dappertutto. Fu un momento straziante, stavamo lasciando i nostri cari, io veramente avevo già superato questa soglia, ma vedere lei smarrita mentre si staccava dai suoi è stato commovente anche per me. Non si sapeva quando li avrebbe rivisti. Momenti indescrivibili. Il dolore era grande e faceva male e quel male è rimasto per giorni e giorni, poco importava quanto eri forte. Per lei era la prima volta. Ci si scambio l'addio, mentre il treno si mosse. Si usava dirsi addio perché se eri fortunato potevi rivederli, diversamente era un addio anticipato.

Il compartimento era affollatissimo. Per fortuna trovammo subito dove sederci, in genere si partiva verso Milano in piedi e si arrivava in piedi, ma stravolti. Questa era l'Italia di allora. Prima di lasciare l'Inghilterra avevo trovato una stanza molto piccola dove abitare, ero solo e mi bastava. Pensavo che ora con tutte quelle valigie che avevamo a seguito, compreso il baule della nonna, mi rendevo conto che dovevo risolvere subito il problema dello spazio, era un tema non semplice da svolgere ed era urgente. Mia moglie notò che ero pensieroso e mi chiese a cosa stavo pensando. Niente,..., niente, le risposi subito, nulla di importante. Già, mi scappò di dire proprio ...nulla d'importante! Ma le donne che sanno sempre intuire, non mollano facilmente e lei non mollò infatti. <<Dai dimmi, lo vedo che ti preoccupa qualcosa, ora sono tua moglie, puoi dirmelo, vedrai che dirlo ti aiuterà molto>>. Le accennai qualcosa, mentre lei continuava a confortarmi senza sapere bene tutto.

Il viaggio era lunghissimo e avevamo il tempo di parlare di tutto ora. Si era fatta notte. Ci saremmo messi a dormire al mattino saremmo arrivati a destinazione. Il tempo di percorrenza era di circa ventiquattro ore. Stava per albeggiare il 4 gennaio 1959. Lei si addormentò con il capo chino sulla mia spalla e piano, piano, sentivo il suo respiro prendere un ritmo di tranquillità, misto tra rassegnazione e speranza.

Arrivati a Milano dovevamo cambiare treno, dovevamo cercare la coincidenza per Calais. Ci aspettavano altre trenta ore di viaggio. Il percorso prevedeva l'arrivo alla frontiera italiana di Chiasso, breve tragitto svizzero per poi attraversare tutta la Francia. Arrivammo alla frontiera italo - svizzera, eravamo seduti in testa al treno, ma i bagagli erano nell'ultimo vagone merci, pensai a quel grande bagaglio e a cosa ci avrebbero detto alla dogana. Dovevo scendere per assicurarmi che tutto era ok. Avvisai Lisa, le dissi che andavo a controllare i bagagli e di non preoccuparsi, di restare seduta e non muoversi per nessun motivo, sarei tornato presto. Avevo intuito bene, il baule era già a terra, correndo m'informo sul treno che sarebbe andato a Londra, era lo stesso da cui avevano scaricato il baule. Chiesi, allora di rimetterlo sul treno. Si avvicinarono nel mentre due uomini in divisa, scoprii subito dopo che erano dei finanzieri e m'invitavano a far controllare il bagaglio alla dogana. Sapevo che il controllo alla dogana sarebbe stato un delirio, avrebbero setacciato tutto, aperto ogni cosa e considerato tutto quello che c'era ci avremmo passato la notte e forse il giorno dopo se tutto andava bene. Ma non sarebbe sicuramente andata bene per niente se avessero aperto quel baule! Cercai una soluzione e azzardai all'americana! Presi due banconote da mille lire ciascuna e me li misi in una mano stringendola a pugno. Mi rivolsi a loro, pregandoli di ascoltarmi. Incominciai dai pochi minuti che restavano per la ripartenza del treno che non avrebbe di certo aspettato il mio controllo, feci vedere il certificato di matrimonio, spiegai che eravamo sposini in viaggio di nozze, che i passaporti erano regolari e che dentro il baule c'erano tutti i regali dei parenti e degli invitati al matrimonio. Aggiunsi che mia moglie stava aspettando sul treno e che già doveva essere in pensiero non vedendomi arrivare. Tentai l'ultima carta, dissi se potevo gentilmente offrire loro un caffè quale augurio per la nostra vita di giovani sposi. Li pregai insistentemente, il treno aveva appena fischiato segnalando la partenza. A quel punto porgo a uno dei due la mano e gli faccio sentire i soldi. Io vado, dissi, salgo sul treno, buona giornata. Si voltarono verso il portantino e gli diedero ordine di ricaricare sul treno il baule. Li ringraziai all'infinito, mentre il treno partiva. Il baule della nonna era miracolosamente ancora con noi. Mi precipitai verso la carrozza dove stava Lisa, raggiunsi il compartimento dove eravamo seduti. La trovai che piangeva, pensava che io fossi rimasto a terra e lei disperatamente sola, tremava tutta, la confortai, le asciugai gli occhi, la calmai, tutto era andato bene. Le spiegai ogni cosa. Ora non restava che la prossima frontiera a Calais, nel pomeriggio del giorno dopo. C'era una lunga notte di viaggio che ci aspettava e domani viaggio ancora. Ci addormentammo, nonostante la stanchezza riposammo molto, eravamo nuovamente vicini e il suo capo di nuovo sulla mia spalla.

I nostri pensieri, rivolti ai nostri momenti passati e futuri, non ci permisero di ammirare, durante il giorno, la varietà dei paesaggi attraversati dal treno. E fu un vero peccato perché non erano pochi.

Si arrivò a Calais. Il personale francese era sostituito con quello inglese, era lo stesso treno da Milano a Londra. Fu trasportato sulla nave traghetto che avrebbe attraversato il mare della Manica approdando a Dover e poi, nuovamente in treno, destinazione finale Londra. Scendemmo dal treno e ci siamo messi a girovagare sul traghetto in cerca di un ristoro che ci potesse servire qualcosa di caldo. Sul ponte si poteva vedere il panorama e tutto attorno. Il pomeriggio era illuminato dal sole. In lontananza si scorgevano le scogliere del Regno Unito. Il freddo era di casa da quelle parti soprattutto in pieno inverno. A Dover di nuovo su un treno, dopo alcune ore saremmo arrivati a Londra. E ci arrivammo.

Alla stazione di Londra scendemmo tutto, quattro valigie grandi e il baule. I finanzieri della dogana inglese ci salutarono e ci chiesero se avevamo fatto un buon viaggio, sempre gentili gli inglesi. Rispondemmo di sì, ringraziandoli.

Eravamo semplicemente molto stanchi per il lungo viaggio. Aprimmo tutte le valigie per il controllo, vedendo che non c'erano oggetti di loro interesse le richiudemmo. Fu la volta del baule, spiegai cosa ci avrebbero trovato e ripetei per la seconda volta quanto avevo detto ai doganieri francesi. La coppia era formata da un uomo e da una donna. Il primo era più comprensivo, l'altra molto più curiosa. Iniziò a rovistare dentro il baule, voleva vedere a fondo! Le feci notare che aveva già visto le valigie, e che nel baule c'erano più o meno le stesse cose, se tiravamo fuori tutto, sicuramente non ci sarebbero stato tutto di nuovo! Non voleva sentire ragioni, allora lasciai che continuasse da sola a rovistare dentro. Doveva comunque rimettermi a posto tutto, senza eccezioni. Volevo proprio vederla all'opera la gatta ispettrice! Si rivelò una vera balorda, il suo collega le diceva di lasciarmi andare, ma la curiosità non le dava tregua, soprattutto agli occhi. Fu un rituale perpetuo, uno tirava fuori, l'altra metteva dentro, di nuovo, l'altro metteva a terra e l'altra prendeva da terra. I regali erano tutti arrotolati con delle tovaglie o panni. Ci chiesero cosa c'era al loro interno. Regali! Risposi solo regali! Li guardano uno per uno, inevitabilmente, uno andò a terra, si ruppero due bellissimi bicchieri d'acqua grandi decorati in oro. La sua testa continuava a ciondolare dentro la cassa. Non potendo far sentire quello che stavo pensando, mi misi a guardare le stelle mentre con la mia mente gli urlavo: <<*Ma sei una donna davvero curiosa! Che cosa hai trovato? Ti ho dato la mia parola, ora come me li sostituisci questi? Cretina, come fai ora a mettere tutto dentro? Ora tu metti tutto dentro se ce la fai, è impossibile adesso, vero? Noi abbiamo ancora da viaggiare, non ho voglia di stare con te ancora! So che tu fai il tuo servizio, ma devi capire con chi hai a che fare, mi sono appena sposato, il tuo collega ha capito, tu No! Devi guardare tutto dentro e con la tua curiosità vedi com'è finita?>>*. Si scusava tutta, ma mi fece diventare una bestia. Ci provarono a mettere di nuovo tutto dentro, sono dovuto andare a cercare degli scatoloni per portare via la nostra roba dopo una perdita di tempo inutile. Presi due facchini fuori dalla Stazione Vittoria, servivano per andare a prendere il treno che ci portava finalmente a casa, ad Aylesbury.

Ci vollero due taxi per caricare tutta la roba. Attraversammo la city, high park, percorremmo Henger wear road  per poi arrivare a Park Street. Entrammo in stazione e prendemmo il treno per Aylesbury. Erano le dieci di sera, eravamo arrivati! Erano passati tre giorni e due notti, era anche la fine della luna di miele. Ancora due taxi per arrivare a casa. Arrivammo! Grazie a Dio arrivammo sani, ma stanchi, pronti a crollare per il sonno. Bussai alla porta della proprietaria e la signora ci aprì salutandoci con un abbraccio di augurio. Era sorpresa dai bagagli, esclamava continuamente vedendo la quantità dei colli. Fu premurosa, ci offriva un caffè e ci chiese se volevano cenare. La ringraziammo, le feci capire che ciò che desideravamo era il letto. Cominciai a portare tutto in stanza, ma mi accorsi subito che era veramente piccola. Anche la proprietaria si accorse che non poteva farci stare tutto. Ma ci provammo comunque. Non rimase un millimetro di spazio! C'erano ancora quattro valigie da sistemare, due finirono sopra il baule e due ai piede del letto. La signora tornò a offrirci il caffè e ci fece sedere alcuni minuti. Era una signora generosa, italiana, sposata con un polacco non aveva figli, ma una generosità rara, non aveva davvero un'altra stanza da darci, l'avrebbe fatto subito. La sua non era nemmeno tanto grande e mi diede il camerino per aiutarmi, voleva chiudere la porta ma non poteva, il baule toccava lo spigolo della porta, spingemmo ancora un po' per chiuderla.

Lisa stava in piedi davanti al letto, era ancora vestita, le dissi di prepararsi per andare a dormire e mi rispose che ci stava pensando. Era ironica, sulla parte del suo letto c'erano le valigie, tentò, riuscendoci, di spostarle e le mise di fianco al letto, nell'ultimo interstizio rimasto libero. Per me non c'era più spazio. Non riuscivo a distendermi nel letto. Fui assalito da un attacco di nervosismo, forse era la stanchezza, anzi sicuramente lo era. Subii alcune farneticazioni del mio cervello, a un tratto mi chiesi perché tutto quello che stavo vivendo era necessario, perché mi ero lasciato convincere, perché mi ero sposato. Perché?...Ma perché? Non stavo pensando, stavo parlando ad alta voce e non me ne rendevo conto. La voce era così alta che la signora si precipitò in stanza per chiedere se c'era qualche problema e poteva essere di aiuto. Aprii la porta, le dissi che non potevo stare in un posto dove fisicamente non riuscivo nemmeno a stendermi, le manifestai il mio nervosismo e il momento di rabbia che mi stava assalendo. A un tratto scoppiai a ridere e così fecero anche loro, per fortuna. Si era consumata una farsa teatrale. Eravamo in pratica dentro le valigie. Lei mi accarezzò le braccia e mi aiutò a riprendere il controllo della ragione. Leva le valigie, portale giù per stasera e vai a letto, ci penseremo domani. Questo mi disse facendomi felice e riuscendo a rilassarmi. Le chiesi perdono per il disturbo che avevo provocato. Mi tranquillizzò ancora, mi salutò dandomi appuntamento a domani.

Lavorai sodo per rimettere a posto l'interno di una casa. Era della signora Fanghina, la casa era composta da quattro camere, un camerino grande e un bagno nel piano sopra; al pianterreno una cucina, una grande sala da pranzo, ancora due camere che erano affittate agli Italiani immigrati. Dovevo pitturare tutte le porte, le camere di sopra e quelle di sotto. Servivano pure il pranzo agli inquilini e cucinava anche per me. Mi facevo pagare poco per il lavoro, convinto che un domani potesse avere un occhio di riguardo per me, proprio per quando mi sarei sposato. Ma restava una vera tirchia, non vedeva mai nessuno, in testa aveva solo luce per i soldi, approfittava di coloro che avevano necessità di un posto per dormire. Mi rispondeva sempre che la prima camera che si sarebbe liberata l'avrebbe data a me, ma questo non si avverava mai. erano, infatti, difficile averle vuote.  Un giorno le parlai molto chiaramente, era arrivata l'ora che dedicasse a me un po' di attenzione sul tema abitazione. Io l'avevo aiutata più volte, ora era lei che doveva aiutare me, mi doveva dare una stanza.

Appena alzati io e mia moglie andammo da lei, bussai alla porta e mi aprì. Oh! che sorpresa! Esclamo lei. Avanti!. Le presentai mia moglie. Mi fece i complimenti per la sua bellezza. Ci invitò a sederci e ci chiese se pranzavamo con lei. Avrebbe preparato qualcosa di più, mi disse, se l'avessi avvisata in tempo, ma ci arrangeremo disse ancora. Le spiegai che non ero andata a trovarla per mangiare, ma perché non avevo dove dormire stasera e lei mi avrebbe aiutata. Rimase stupita, perché è vero che le avevo detto di aver trovato una sistemazione per me, ma non ero più solo e questo l'ho dovuto spiegare più di una volta. Manifestava dispiacere, ma dicendo che non sapeva come fare, aveva affittato tutte le stanze. Le ricordai della cameretta. Ma è piena disse lei. Sì è vero ma li possiamo portare da qualche parte. Ma dove? Nel giardino è impossibile, ma c'è spazio nel magazzino, li porteremo lì. Restando nella sua insistenza nel non potermi aiutare, il marito, Giovanni, un uomo buono e generoso che contava poco, disse che era possibile invece. Ricordava alla moglie come io meritassi di essere aiutato. Fu così che mi aiutarono, portammo tutto nel magazzino in cortile.

La stanza svuotata di tutto il materiale si presentava bene, spaziosa e confortevole; bisognava solo pulirla, cosa che feci subito dopo il pranzo. Ci salutammo dandoci un arrivederci a domani.

Il lunedì finiva la vacanza e la luna di miele. Dovevo ritornare al lavoro senza eccezione, rischiavo il licenziamento, questi erano i patti e questa era la vita di noi immigrati, solo obbedire o si ritornava a casa, per me non sarebbe stato tanto male, forse. Ma il contratto di lavoro andava onorato, mancava ancora poco meno di un anno alla scadenza e poi c'era il mio corso, altri sei mesi circa. Infine c'erano i miei esperimenti della scuola di elettrotecnica.

Un giorno, mi avvicinò un altro italiano, si chiamava Felice Iannone. Una persona pulita ma poco esperta a murare. Venne con il cognato, erano di Napoli, tutte favole senza fatti. Doveva costruire un bagno, mi puoi aiutare, mi disse. Certo! Risposi. Però dovrai affittarmi una camera, aggiunsi. Lui lavorava in una piccolissima fabbrica di mattoni e la ditta gli dava l'alloggio e si era comprato questa casa senza bagno, voleva farne uno ma senza spendere soldi. Mi disse che i mattoni li avrebbe presi nella mia fabbrica perché li avrei pagati di meno. Voleva un preventivo per il mio lavoro. Non capivo bene cosa dovevo fare di preciso. Alla fine si spiegò e mi disse che voleva realizzare la struttura per un bagno e il lavandino. Era una spesa notevole, le dissi se era in gardo di pagarmi a lavoro fatto. Le dissi il mio prezzo, volevo mille sterline e una stanza a disposizione. Contrattammo allo sfinimento, novecento,.., cinquecento,..., senza stanza in affitto,..., ecc. Mi accordai anche sul tempo a disposizione, ricominciò, però la disputa sul prezzo,...,è costoso,..., non sai che lavoro necessita,..., doveva pensarci un po'.

La disputa non si placò, andammo avanti contrattare come in una sceneggiata napoletana. Alla fine dovetti accettare per settecento sterline e la camera, ne avevo bisogno, la signora Franchina mi mise alla morsa! Avevo fretta, Lisa aspettava un bebè. Per questo cedetti a degli aguzzini. Erano tutti uguali da quelle parti. Ordinai i mattoni e nel mentre la signora mi aveva aumentato l'affitto! Dovevo finire al più presto quei dannati lavori. Non mi riposavo mai, procedevo a tamburo battente, dovevo finire. Poi era arrivata un'altra famiglia ad abitare sopra, con tre figlie, che vennero da Roma. Diventammo cari amici lo siamo fino ad oggi, la loro mamma fece da assistente a mia moglie incinta. Era molto pratica, la guidava, la consigliava, per come fare, era di grande aiuto.

Arrivò inaspettata l'ora del parto, era Natale, una settimana prima Lisa era irrequieta, fu ricoverata in ospedale e fu alloggiata in una camera sola, io continuavo a lavorare di notte. Smontando dal turno andavo tutte le mattine a visitarla. Una mattina arrivo presto in ospedale, le addette alla pulizia stavano ancora lavando i pavimenti, aprendo la porta m'investiva al naso un odore forte di disinfettante che mi prese la gola, rimasi irritato, non riuscivo a respirare normalmente, sembravo un cane e come un cane correvo per trovare come respirare, correvo per i corridoi, fuori per trovare aria, alcuni minuti o secondi. Ero preoccupato. La gente mi guardava incuriosita. Poi, questa reazione si è ripresentata altre volte, anche durante il sonno. Ho scoperto dopo tanto tempo la causa del problema. Restò però nella mia vita quel ricordo di terrore mentre stavo aspettando la nascita di mio figlio! Ma nacque una mora fanciulla! Dora!

E' il 6 luglio del '57, Dora, Domenica dal nome di mia mamma. Le restò in seguito il nome più semplice di Dora. Lunghi capelli neri, quattro chili di gioia umana, si fece attendere però. Me la portarono dopo nata con un boccolo di capelli sulla testa (allora non era permesso assistere a un parto il marito).

La nutrice mi disse che era straordinaria una bimba mora nel reparto, lì nascevano tutti biondi, loro quasi tutti biondi, quando vedevano una bambina mora, allora era una novità non oggi, la Nazione è diventata tutta scura con l'immigrazione di pakistani e altre popolazioni a carnagione scura.

Detti subito la notizia ai genitori e a tutti i parenti della bella bambina che era nata. Lisa fu dimessa dall'ospedale dopo qualche giorno. E nel frattempo erano arrivati i miei genitori dall'Italia. Ero senza soldi e senza una casa per loro. Ma l'orgoglio siciliano mi spinse a trovare una soluzione anche in questo caso. Avevo pure perso del denaro, non capivo come e ne stavo ancora perdendo con un taxi, quel giorno che andai a prendere Lisa all'ospedale chiamai un taxi, per tornare a casa. Anche il taxista ci regala i suoi auguri per la bimba, si arrivò a casa e gli chiesi il costo da pagare. Mi rispose cinque scellini sir! Avevo un'unica sterlina che gli diedi aspettando ovviamente il resto che tardava ad arrivare perché mentre io guardavo lui e lui guardava me, lui non capiva che doveva darmi il resto, aveva pensato che il resto fosse una mancia. Ma non potevo assolutamente, era tutto quello che avevo e ne avevo bisogno assoluto. Essendoci incantati entrambi gli dico se voleva darmi il resto. Si...Si! Rispose, ma immagino nella sua mente cosa voleva dirmi. Aspettò che uscissimo dall'auto e si rimise in marcia. Mi sentivo un po' umiliato e un po' meschino, ero davvero a terra ma per quanto deve andare così, avevo quindici scellini e mi fece sentire ridicolo, un povero meschino. Lo dissi a mia moglie, ma non pensarci, mi disse lei, è tutto quello che abbiamo, dimenticalo. Questa erano gli episodi degli emigrati. Un paese straniero non lo senti mai tuo, non hai i tuoi vicini, se hai bisogno non comprendi subito cosa fare, a chi rivolgerti. Ma procediamo nell'avventura.

L'anno scorreva vicino la sua prima metà, era maggio ed era il giorno più desiderato della mia vita, il quattro maggio. Era la fine del tanto atteso giorno del mio contratto. Stava per nascere la mia piena liberta in Inghilterra. Ma per un istante svanì quella gioia tanto agognata. Mi chiesi se fossi stato veramente libero adesso? Sì, mi risposi il mio contratto è finito! Sì, era vero, non avevo più niente da fare con quella Ditta. Ma dove sarei andato? Lo staff della Ditta che mi conosceva era tutto riunito per il mio congedo. In particolare mi conoscevano perché servivo da mangiare a pranzo. Iniziammo i saluti, i convenevoli, gli abbracci veri e di circostanza come pure i sorrisi: <<Tu ci mancherai,...,ci hai sempre fatto ridere,...,per quattro anni,...,rimani qui!>>. Tutti quando finiscono vanno via e poi ritornano di nuovo. Ma non io, dissi, Voi qui non mi vedrete mai più! Io sono diverso. Loro lavoravano lì a fare mattoni e io in trattoria a servirli. Ma ora non più, ora dovevo cercare chi avrebbe servito me. A quelle mie parole scoppiarono a ridere. Mi ripeterono che gli sarei veramente mancato. Salvi, così mi chiamavano tutti, mi hanno augurato buona fortuna e davvero non mi videro mai più, tranne qualcuno che s'incontrava per strada.

Tutto ha fine e pure la mia maratona, a pulire per terra, tavoli, servire la gente da una parte, dall'altra mi diede la possibilità di fare il mio studio, finire il mio corso e portare a termine il mio obiettivo, lavorando, da solo non era una cosa facile, ma se metti tutta la tua volontà,...Arrivava nella sua piena realtà il motto di mio padre: <<niente è impossibile, difficile sì, ma si può arrivare dove vuoi!>>.

CAPITOLO IV

La fine di una brutta Era,

l'inizio diuna brutta era; è incominciata un'altra nuova.

Stavano finendo anche gli anni '60 e iniziai a cercare un nuovo lavoro, quello che avevo tanto desiderato dopo quattro anni di studio e sacrifici. Ora mi mettevo alla prova. Ero diventato un tecnico elettronico e per la prima volta con quella professionalità mi presentavo per un colloquio a una fabbrica di macchinari elettronici, dove erano realizzati tutti i *simileter*, simulazioni di cabine di tutti i tipi di aerei civili e militari de mondo.

Un lavoro importante, difficile e delicato, piena d'innovazione, dove i cervelli sono messi in grado di correre tra la fantasia e il rigore scientifico. Nella stessa città, vicino a dove abito, cercavo il miracolo da me tanto atteso. Era un test della mia vita e capacità. Il caposquadra che mi doveva fare il colloquio mi domandò: «dove hai lavorato? Che lavoro facevi?». Io risposi che per quattro anni avevo fatto mattoni, poi il cameriere. Rimase stupito e m'informò che in quella fabbrica non si facevano mattoni e nemmeno si cucinava per i clienti. Aggiunse che ero in un posto sbagliato.

Il suo orgoglio salì alle stelle quando mi descriveva cosa in quell'azienda, si faceva: «Qui, Noi facciamo electronic flight, simulatori molto espansivi!». Sorrisi e gli dissi che sapevo bene quello che si faceva lì dentro ed era per quello che ero andato a presentarmi proprio in quel posto. Spiegai meglio che avevo finito quattro anni di corso egli mostrai il mio diploma; avevo si lavorato nella London Becker con un contratto di quattro anni, ma appena libero di lavorare dove volevo (in Inghilterra c'erano obblighi ben precisi sul diritto alla residenza e la stabilità del lavoro) mi ero presentato a quella società. Sarei stato lieto se mi avessero fatto fare una prova, non avevo molta esperienza ma non sarebbe mancato l'impegno per farmela; questa era stata la mia risposta a quell'uomo che continuava a guardarmi un po' stupito e un po' interessato. E allora gli precisai che non ero un *bricker*, si è vero, capivo che una prova in un posto come quello non pesava poco all'azienda, infatti, lui mi disse proprio quello, che non potevano pensare a realizzare quegli strumenti solo per prova. Lo capivo, eccome lo capivo, ma senza esitare riprovai a chiedergli di darmi solo una chance; se l'avessi persa, me ne sarei andato togliendo il disturbo. Lo pregai di provarmi! «Mi piace la gente che ha caparbietà e che non si arrende, vieni con me!».

Avevo toccato il cielo in quel momento, mi stava dicendo di sì. Mi regalò quell'unica possibilità, ero tutto elettrizzato!

Mi fece sedere in un banco di lavoro mi diede una pianta informandosi se sapevo leggerla. Certo, risposi, certo che la so leggere! Mi fece una serie di domande, cosa sono questi, cos'è quest'altro, cosa vuol dire quello, che significa questo. Erano tutti simboli elettronici che sapevo bene e li indovinai tutti. Bene esclamò lui, ok. Andiamo avanti. Gli chiarii subito che avevo necessità però di fare un po' di pratica, avendo per anni fatto solo teoria. Apprezzò la mia sincerità e nel dirmelo mi diede un altro compito di prova. Dovevo saldare alcuni componenti elettronici, un condensatore con un resistore, in un modo particolare su un pannello con strisce di rame. Quello fu tutto. Avevo pensato a prove terribili, più difficili! Ma, quello era tutto quello che dovevo fare. E lo feci subito e bene. Eccomi qui! Mi guardò: «Davvero sei arrugginito?...Non mi pare!...Quando vuoi cominciare?». Quando vuoi, risposi! Ero disperato di soldi, dovevo cominciare subito.

Non credevo alle sue parole, mi disse che avevano molto lavoro da fare e che potevo lavorare anche da quel giorno. Non mancava il lavoro straordinario e potevo farlo anch'io. L'orario era dalle otto del mattino alle 5 del pomeriggio per cinque giorni la settimana. Se volevo, potevo lavorare anche il sabato, la paga era di una volta e mezzo degli altri giorni, la domenica il doppio! La paga era poco più di una sterlina l'ora. Si era proprio quello che ci voleva e che cercavo. Ci salutammo, ci saremmo visti l'indomani.

Uscii dalla fabbrica e mi misi a correre, volevo al più presto comunicare la buona notizia a mia moglie, ero pieno di brio, volevo fare festa quel giorno.

Entrai in orario quella mattina, andai nell'Ufficio del Caposquadra per presentarmi al lavoro. Mi salutò con un sorriso e prima di iniziare mi portò a salutare i suoi superiori, i direttori dei reparti e il manager. Ero stupefatto, non avevo mai visto tutta quella cordialità, ero un semplice impiegato e avevo ricevuto il benvenuto di tutti, era davvero un altro mondo, mi fecero sentire a mio agio. Il mio miracolo si è avverato, mi sentivo veramente tanto felice, addosso avevo una gioia mai provata, avevo un vero lavoro, pagato come un deputato, ero stupito della paga che mi dovevano dare. Guadagnavo cinque sterline la settimana e ora quella cifra la ricevevo per mezza giornata di lavoro.

Questa è la vita che noi tutti viviamo. Finito il primo giorno di lavoro, percorsi i cinquecento metri, che separavano la fabbrica dalla casa dove abitavo, tutti di corsa, volevo raccontare tutto a Lisa. Quando mi vide, non dissi nulla, non ne ebbi il tempo, fu lei a leggere nel mio viso la buona notizia, non mi fece dire nemmeno che mi avevano confermato il posto, che mi disse com'era contenta: «Sono contenta per te, hai sacrificato tanto per arrivare lì, auguri per il nuovo lavoro».

Ero commosso e mi venne il bisogno di risponderle: «Io ti farò Regina, te lo giuro, dimentica quello che hai visto fino ad ora, ma da ora in avanti cambierà tutta la nostra vita, te lo prometto, ti coprirò di sterline, un giorno avverrà, l'ho sempre pensato, distenderò su un grande tavolo tutte le sterline guadagnate». Mentre dicevo queste cose, speravo che si sarebbero avverate quelle mie parole, sarebbe stato il mio ultimo desiderio.

La notte mi diede tanto da pensare quasi da non poter dormire. Alle sei mi alzai per andare al lavoro, ero abituato a quell'orario, anzi mi alzavo più presto. Arrivai in azienda in orario, il *forman* si chiamava Sidy Uene, una brava persona alla quale sono diventato amico. Mi portò nel magazzino e mi diede tutti i ferri che mi accorrevano, mi assegnarono un mio banco di lavoro e mi presentò ai colleghi, mi fece visitare tutti i reparti, facendomi vedere dove era tutto il materiale che occorreva.

Ricevetti un pannello da montare con tutti gli elementi da collegare. Dovevo poi collaudare l'impianto realizzato. E così sarebbe stato per gli altri incarichi. Mi disse di fare molta attenzione perché l'obiettivo non era di produrre tanto, come avveniva per i mattoni. Il buon lavoro era considerato nel produrre con il massimo della qualità. Infine mi confortò dicendomi che per qualsiasi problema potevo fare riferimento a lui. Nel dirgli che ci avrei provato, si mise a ridere e tornò al suo reparto, il reparto *essenbiling* e *wiring*.

Suonò la pausa di mezzogiorno, avevamo un'ora di libertà. In cinque minuti ero in compagnia di mia moglie e la nostra bambina, volevamo mangiare insieme a pranzo, era la prima volta, mangiare a casa assieme alla mia famiglia tutti giorni, migliorava la mia vita ogni momento, eravamo felici, avevamo una bambina,bellisima eravamo adesso una famiglia, una retribuzione alta che mi permetteva di mettere da parte i risparmi per una futura casa.

Lo stipendio era alto, ma tantissime erano le ore di lavoro, iniziavo presto alle sei del mattino per finire dopo una pausa per il pranzo e una per la sera alle undici di notte.

Le chiacchierate sulle tasse e i guadagni alti erano sempre alla moda perfino in Inghilterra, dove il senso delle tasse non era messo in discussione come in Italia. Tutti avevamo paura della famosa tassa britannica TaxPay, odiata da tutti perché era sottratta prima di ritirare la paga. Io mormoravo che dovevo iniziare a fare meno ore per non pagare tutto quel denaro.

Ma, il mio Caposquadra che oramai mi conosceva bene, mi afferrava per un braccio ricordandomi quanto denaro guadagnavo. E allora mi facevo cosciente della possibilità che avevo avuto e del vantaggio che avevo rispetto a molti altri, a quelli che avevo lasciato nella fornace di mattoni, ma la stessa per la maggior parte degli inglesi.

Abitavano con noi, Antonio e Pietrina con i loro due maschietti Sandro e Antonino, veri amici e di grande cuore. Eravamo un'intera famiglia, non c'era né tuo o mio per dirla alla paesana, ma durò poco, dopo un anno il mio padrone di casa mandò via i nostri cari amici di sopra Antonio con la famiglia pure lui ora libero se ne andò nel nord di Londra. Erano abituati alla metropoli, provenivano da Roma, provammo dispiacere quando ci lasciarono.

Da lì a poco saremmo di nuovo, però, stati in compagnia, arrivò un'altra famiglia con dei bimbi. Non era la stessa cosa di prima, la situazione si fece più critica perché lungo il tempo si erano allargati un po' troppo, approfittavano della mia bontà a prestarmi sempre per ogni cosa, diventavano troppo invadenti e pretenziosi. Ricordo che lavorai sodo per realizzare un bagno, mai pagato avendo ricevuto solo le sterline appena sufficienti per acquistare il materiale. Una famiglia piuttosto strana, forse anche poco educati. Il clima in casa si faceva sempre più pesante, tra liti a volte anche pesanti. Con loro avevamo in comune, il bagno, la cucina e una specie di sala pranzo e poi ci si sedevamo tutti, ma non con loro, perché era una guerra continua, non davano pace. Noi ce ne andavamo a pranzare sempre nella nostra camera.

Un giorno andando a casa per pranzare, trovai Lisa che piangeva, le chiesi cosa fosse successo. Lei mi raccontò che la signora ci accusava che la nostra bimba aveva fatto la cacca sotto il divano ed io non pulendo, era stata costretta a farlo lei. Naturalmente erano tutte bugie. Era un pretesto, ma noi non avevamo nessuna intenzione di fare sceneggiate e di cadere nella trappola del litigio.

Ci scusammo allora e assicuravamo che situazioni di quel genere non si sarebbero più verificate. La convivenza stava diventando pesante al punto che Lisa mi pregò di riportarla addirittura a casa da sua mamma. Non aveva tutti i torti, la vita in quel posto era diventata impossibile. Non si poteva però tornare in Italia per un'incomprensione e una bugia sebbene molto offensiva. Mi ero sfogato un giorno con il mio caposquadra che si accorse che ero da un po' di giorni, giù di corda. Capì la situazione, nonostante la mia paga alta, non possedevo una casa esclusiva per la mia famiglia, non se ne trovavano a prezzi sostenibili. Le uniche che si trovavano erano gestite dall'agenzia immobiliare che avevano provvigioni elevatissime. Mi ringraziò per la franchezza che avevo mostrato nel raccontargli la situazione.

Grazie! Mi disse. Poi mi confidava che si sarebbe interessato prendendo a cuore la mia condizione e quella della mia famiglia. Nei giorni seguenti mi presentò ad alcuni importanti conoscenti, mi raccomandò a loro. Mi portò un giorno a casa di un'importante persona. Bussammo alla sua porta e ci fece entrare accogliendoci con cordialità. Raccontai la mia situazione davanti ad una tazza di caffè che ci aveva gentilmente offerto. Ascoltò attentamente la mia storia e i problemi che in quel periodo mi stavano assalendo e alla fine m'incoraggiò dicendomi che molto presto avrebbe trovato la casa giusta per me e per la mia famiglia. Mi suggerì di tornare da mia moglie, dalla mia famiglia per confortarli a mia volta. Davvero andai casa e misi al corrente di tutto mia moglie, la pregai di avere ancora pazienza per un po', lui davvero ci troverà una casa tutta per noi, vedi che non sarà lontano questo giorno.

Come per una magia mi arrivano da molte agenzie immobiliari della zona, numerose offerte e così fu per un po'.

Ne arrivò una che costava poco ed era davvero grande, andai a vederla. Era in pessime condizioni, era stata anche proposta sui giornali, ma senza successo. Presentava muri spaccati, una cattiva manutenzione, e mal conciata, un grande giardino e un garage. Il giardino era un vero bosco, aveva l'apparenza che tutto cadeva giù. Quella casa ti faceva stancare a guardarla, costava la metà, quasi del valore delle altre, era proprio brutta. C'era un bel po' da pensare. Capivo perché nessuno voleva comprarla in quelle condizioni. Incominciai a interessarmi sul prezzo e della grandezza, andai a vederla per tanti giorni, avevo la chiave, e la studiavo a fondo, pensavo, mi facevo domande, ma ero incerto sul da fare.

Il garage era quasi a pezzi, a momenti andava giù. C'era però, molto spazio per pensare di costruire una nuova casa, era un buon affare visto il prezzo e dicevo in me che si poteva ancora negoziare; gli inglesi non l'avrebbero mai comprata a quel prezzo di  duecento settantatremila sterline.

Quel prezzo era alla mia portata, ma gli feci un'offerta da cinquantamila sterline di meno, se accettavano l'offerta l'avrei comprata io. Non mi diedero risposta certa, mi dissero che ne avrebbero parlato con il proprietario, tenendomi informato.

## Il Battesimo di Dora

Era domenica pomeriggio invitammo tutti gli amici e conoscenti del vicinato. La festa era per Dora, dopo averla portata in chiesa per battezzarla avremmo radunato tutti a casa per una simpatica festicciola con amici, parentinon me avevamo.

*Lisa, Dora, e tutti gli amici*

Parlando di case, in quel periodo era la parola del giorno di tutti, io feci capire che ne avevo una sott'occhio; tutti dissero: andiamo a vederla! No! Risposi, a voi non piacerà, è mal ridotta, brutta e non posso farvela vedere ora. Ma, tutti ripeterono compresa mia moglie: «Dai, la vogliamo vedere,su portaci a vederla» Ma,se davvero insistete dissi io,..

Arrivati a destinazione, manco presi la chiave dalla tasca che tutti mi gridarono: «Ma sei matto?...Come fai a comprare una cosa del genere?...E' davvero brutta!...Così mal ridotta, questa non la compra nessuno...Ti rovinerai per aggiustarla,...,non vale la pena di comprarla». Me ne dicevano di tutti colori!

Ed io allora dissi a tutti: «Sentite voi tutti non capite!...questa casa ha una potenzialità e voi non la vedete!...Ho capito, non possiamo parlare,...,ci vuole tanto a farvi capire?».

Mi rispondevano ancora che ero un matto, a quel punto mi arrabbiai e dissi che potevano chiamarmi come volevano, ma che loro siano restati tutti profani. Stavo perdendo del tempo con loro, così invitai tutti a rientrare a casa, tanto se accettavano la mia offerta, l'avrei comprata.

L'indomani, lunedì, ritornai a lavoro. Mr. Sieghy mi chiama nel suo ufficio, lo saluto, mi fa sedere. La famiglia tutto ok? Si grazie gli risposi, ieri abbiamo battezzato la bambina. Oh! Auguri, mi disse sorpreso, come si chiama? Dora risposi. Oh! Mi piacciono i nomi italiani, hanno qualcosa di bello. Mi ha telefonato l'agenzia e mi ha detto che t'interessa la casa mal ridotta, l'offerta che hai fatto non lo accettano, è poca, ma hanno abbassato di tremila sterline, se davvero t'interessa, facciamo un'altra offerta di ventisettemila e cinquecento sterline dimeno di quando vogliono , che ne pensi? Sì, io ci sto, ma in deposito ho solo cinquecento sterile, non posso di più, se anche l'acconto è accettato allora io la compro ho tanto bisogno! Ok,mi disse, lascia tutto a me ci pensoio

Il venerdì mi chiamò di nuovo verso le undici del mattino, arrivai nel suo ufficio per sentirmi dire: «Ce l'abbiamo fatta!

Se vuoi davvero comprare quella casa, è tua, se ancora ti va ovviamente, hanno accettato l'offerta e sono d'accordo sui cinquecento di deposito, se gliele dai oggi, puoi andare dentro quando vuoi. Loro già sanno chi ti daranno il mutuo, ci vorrà qualche mese per stipulare il contratto, ma tu puoi andare dentro adesso, hai la chiave mi hanno detto, se davvero la vuoi comprare, devi portarci il deposito, tutto chiaro?». Per me sì, risposi. Allora lui mi disse di prendermi tutta la settimana di ferie per sistemare tutto. Mi volevano aiutare tutti sul lavoro, mi volevano bene. Ci salutammo con un forte abbraccio e ci saremmo rivisti il lunedì successivo. Good Luck! Ciao mi ripeté.

Mi precipitai a casa con la bicicletta che avevo, di corsa lungo la strada, ero vestito bene, andavo a lavoro con la camicia e la cravatta, tutti i giorni. Arrivo a casa per comunicare la notizia a Lisa, possedevamo una casa tutta nostra. Le dissi di prepararsi con la bambina, quel pomeriggio saremmo andati a comprare la casa, saremmo passati prima a prelevare i soldi per il deposito e poi dall'agenzia. Dovevamo farcela per le due. Arrivammo in orario, dopo aver prelevato il denaro e li pensai a quanti soldi avevo con mio papà in Italia, li avevo sempre avuti tanti soldi in mano, ma qui, seicento sterline erano un anno o più di lavoro. Incominciai a toccare quei soldi, per la prima volta in Inghilterra, mi sentivo bene. Dopo quasi cinque anni di pene, vedevo che la mia vita stava cambiando ora per ora. Arrivai all'agenzia e gli diedi le cinquecento sterline di anticipo, mi rilasciarono la ricevuta, assicurandomi che potevo prendere già possesso della casa e che potevo cominciare a ristrutturarla. Io, però non gli dissi che al più presto saremmo andati ad abitarci.

Usciti dall'agenzia, ci recammo all'asta dei mobili, avevamo tempo. Cominciai a guardare tutto quello che volevo e scrivevo il numero dell'asta o lotto. Arrivò mia moglie, le feci vedere il letto, era nuovo, va bene, ce n'erano tanti da scegliere, tutti i mobili della camera. Ok! Mi disse lei. Di tavoli ce n'erano tanti, ma di quelli che volevo io pochi, cercavo uno stile '800 di vero mogano, allungabile, quattro sedie e due poltroncine abbinate al tavolo; ne avevo adocchiato uno che guardavano quasi tutti, io presi il numero e mi allontanai. A mia moglie i mobili piacevano pure, avevo poco più di un centinaio di sterline in tasca, pensavo che ce l'avremmo fatta, se non c'era tanta concorrenza tra i piedi, dicevo a mia moglie. Aveva mo tutti i numeri dei lotti, che ci interessavano, si fecero le due, ora dell'apertura dell'asta. Arrivò tanta gente, la sala era piena, non ci si poteva più muovere, allora dissi a mia moglie di andare dietro di tutti spiegandole cosa doveva fare. «*Osserva il mio segnale con la testa, quando l'abbasso tu alza la mano con questo foglio, tu sei più alta di me, e poi da donna non dai tanto sospetto, guarda sempre lì e la mia testa, tu devi farti vedere dal battitore, lui sapendo che sei interessata, ti dirà se vuoi confermare la battuta, tu allora abbassi la testa e o la mano confermando così l'offerta; se un altro fa un'altra offerta più alta, tu aspetta il mio segnale, è tutto chiaro?*». Le dissi che dovevamo comprare tutto, non doveva perciò temere nulla, ma non doveva sbagliare. Era spaventata, mi disse che non l'avrebbe fatta, ma le risposi che sarebbe stata lei a farlo e di non temere assolutamente nulla.

La battuta d'asta iniziò formalmente, si vendeva prima la roba piccola e poi quella grossa. La nostra bambina dormiva, tutto era ok. Comprammo il letto a buon prezzo. Poi il battitore mostro altri oggetti ripetendo chi offriva di più. Eravamo in due o tre interessati al tavolo che avevo visto prima, occorreva a quel punto stare in guardia se davvero volevi fosse tuo; purtroppo acquistai il tavolo pagandolo tanto, due balordi che fingevano di alzare il prezzo perché avevano capito che m'interessava davvero molto. Fu però un ottimo acquisto: era di produzione antica, l'abbiamo ancora nel salotto ora è davvero antico; tutti gli altri oggetti li comprai a un buonissimo prezzo, avevamo tutti i mobili adesso, ci mancava solo la cucina e la ordinai subito. Ci rimasero alla fine dodici sterline e ancora ci voleva la pittura sulle pareti di casa e pulirla tutta. I soldi sarebbero bastati per tutto.

Un'altra vita! In casa nostra con il tempo ci mettemmo a fare una vita serena, dopo cinque anni di sofferenza ce l'abbiamo fatta.

## Si comincia a lavorare nella mia casa.

Arrivai per la prima volta nella casa che avevo appena comprato. Era mia! Aprii tutte le finestre per cambiare l'aria del brutto odore di chiusura e per avere più luce, era tutto buio, nero dentro, appena ho aperto la finestra di una delle camere, mi girai e quasi tutto l'intonaco del soffitto mi cadde sulla testa. Mi pulii dalla polvere, in un'altra stanza successe la stessa cosa. Nelle quattro camere tutti i soffitti dovevano essere intonacati, era curioso, con la nuova aria che entrava quasi tutto il soffitto, si staccava dalle fascette di legno fatti con calcinaccio debole, era la reazione della calce, prima si crepa, poi dopo tanti anni al chiuso, la polvere si va a depositare nell'intonaco; il cambiamento d'aria fa crollare l'intonaco che già distaccato viene giù. Dio mio! Da dove era meglio cominciare? Da lì a due giorni sarebbe arrivata tutta la mobilia, non avevo tempo per fare tutto; in due giorni dovevo fare quello che era possibile fare. Mi misi subito al lavoro. Impasto del gesso e dopo aver spolverato tutto, incomincio a riempire i buchi, nel mentre tutto si asciugava, cominciai a pulire i muri, tanta cartaccia attaccata ai muri, ci voleva un bel po' a inzupparla con acqua calda per farla venire via, un lavoraccio pure questo che mi prese un giorno intero. Arrivai a fare tutto, ora la casa era pronta per essere pitturata. A fine lavoro ero a pezzi, ma proprio a pezzi. La casa però sembrava quasi nuova, irriconoscibile, c'era più luce, si respirava pulito, era pronta per i mobili che arrivarono puntualmente il giorno dopo.

Ero a pezzi, come ho già detto, ma ce la feci, ero giovane e pieno
 di energia, in quel lavoro ero pratico, riuscivo a fare il triplo del
     normale.

Era nella mia indole, per natura quando c'era da fare una cosa la facevo senza perdere un attimo di tempo, prima iniziavo e prima la finivo. Me lo insegnò mio padre:<<Quando c'è da lavorare si lavora! Fare subito! Quando c'è da divertirsi, ci si diverte, e bene!>>.

Tornai da mia moglie, stravolto, ma felice. Le dissi che ero riuscito a pulire una camera e che l'indomani potevamo già dormirci. Non era bello? Sì! Ma c'è tanto da fare, per me non è un problema, e solo che ho poco tempo ma ce la farò. Ci vorrebbe una macchina, c'è da portare tutto l'occorrente, ma non hai la patente.

Era vero, dovevo sostenere l'esame, comprare una macchina e fare pratica. Questo avrei fatto presto e così feci.

Arrivò il sabato più lungo e più atteso, più stancante, ma quello tra i più felici e belli della mia vita. Arrivò il camion con tutta la roba comprata. La scaricammo e mi aiutarono a portarla dentro. Cominciai a sballare le confezioni, montai il letto e i mobili. Mia moglie arrivò finalmente con Dora, preparammo la culla che avevamo messo vicino al letto al posto del comodino. Al piano di sotto tutto era pronto per soggiornarci, montai il tavolo e le sedie, la cucina. Non c'era la conduttura del gas, però, era lontano, nel sottoscala, un vero problema. Smontai i pannelli di legno del pavimento, feci l'impianto con mille difficoltà, dovevo attraversare circa venti travetti, ma ci riuscii, il collaudo era andato a buon fine. Era mezzanotte, chiamai mia moglie per dirle che tutto era pronto per cucinare un bel piatto di spaghetti alla bolognese. Mentre lei cucinava io finivo di sistemare il piano di sopra. Mi facevo coraggio perché avremmo cenato a mezzanotte, ma a casa nostra. Avevo finito anche al piano di sopra e scesi per preparare la tavola, misi tutto nuovo, tovaglia, bicchieri, piatti e posate. Stappai una bottiglia di spumante e accesi la candela. Hai finito? Chiesi a lei. Devo solo lavarmi le mani, mi rispose. Si erano fatte l'una di notte quando ci sedemmo senza più forze, affamati.

Gli spaghetti erano fumanti sulla tavola quando mia moglie si sedette con me, ci guardammo negli occhi. Io volevo dirle se lei era stanca, nello stesso attimo me lo disse lei e ci siamo messi a ridere, le offrii un bicchiere di spumante per un brindisi alla nostra casa, eravamo stanchi ma eravamo a casa nostra, non importa che ora fossero, nessuno ora ci poteva più dire nulla! Le domandai se era in quel momento, contenta. Si! mi disse e brindò alla nostra salute, ubriacati, aggiunse, nessuno vede quello che facciamo.

Incominciammo a mangiare, la stanchezza era tanta e bloccava la nostra voglia di mangiare, ma mi sentivo davvero nel mio castello, come un Re e la sua Regina, soli, soli, per la prima volta, con lei da quando c'eravamo sposati. Davvero ci siamo ubriacati quella notte, per la prima volta, andammo a letto; riposammo a lungo con la gioia di essere a casa nostra. Era un sogno!

Non passò molto tempo e comprai una macchina, ne avevo bisogno adesso. Era tutto quello che ci mancava; fu un mio collega che mi aiutò a fare pratica di guida, dovevo andare a passare l'esame per la patente, io avevo la patente solo per la moto.

Questa è la mia prima macchina la hosten *Seven*

Realizzai il mio sogno, avevo comprato una casa in pessime condizioni, ora era diventata una dignitosa abitazione con tutte le comodità, era una bella casa moderna con la cucina all'americana e i termosifoni, completamente riportata ai colori originali al suo esterno. Un giorno, ero sul tetto insieme con un altro muratore per alcune riparazioni, mentre si lavorava, sentii le voci di alcuni vicini che apprezzavano i cambiamenti della casa, ma una vicina si lamentava perché aveva riferito che io volevo costruire accanto alla sua casa una nuova, questa costruzione le avrebbe danneggiata la sua casa che era esposta a tutte le luci senza avere case attorno. Noi sentivamo tutto, ma loro non ci vedevano.

Mi venne una rabbia! Pensai a quanto quella donna fosse perfida. Non voleva che io costruissi una mia seconda casa. Ma è matta, pensavo! Scendo dal tetto e telefono al mio avvocato, lui mi conosceva bene, gli chiesi se avessi costruito una casa vicino a un'altra vicina, che cosa sarebbe successo. No, mi rispose, ma dovevo stare attento a non attaccarmi a quella della vicina. Questo è tutto? Continuai a informarmi. Si! Rispose l'avvocato: <<E' proprietà tua e nessuno può impedirlo se non le tocchi la loro proprietà>>. OK! Lo ringraziai.

La mia prima casa

Avevo comprato la mia prima casa per farne un'altra vicino, più grande della vecchia, una grande opportunità da sviluppare dopo. Infatti, la costruii un'altra casa a fianco della prima. E incominciai a preparare il progetto che l'architetto mi realizzò. Presentai al Comune locale il necessario per farmelo approvare, così avvenne, ma a una condizione: il prospetto principale doveva deve essere dello stesso stile di quella a fianco. Un giorno, io avevo già iniziato a lavorare per conto mio sulla casa, cercai un "books maker" dove giocano i cavalli, era pieno di gente, a un certo punto salii sopra una sedia e dissi ad alta voce: <<ho bisogno di dieci persone, adesso, chi vuole fare soldi prima di questa sera può venire con me!...Devo fare delle fondamenta per una casa, chi se la sente di scavare?>>. Uscirono dalla folla otto persone, per lo più irlandesi (si dice che gli irlandesi sono i migliori scavatori, li chiamano *Wood dickers*). Bene! Con loro andai, dove vendevano tutti i materiali, lì comprammo quattro pale e quattro picconi.

Arrivammo al cantiere della casa in dieci minuti, organizzai quattro coppie, ogni coppia aveva due metri da scavare per fare le fossa delle fondamenta. Li raccomandai per Dio di non toccare assolutamente quelle della mia vicina altrimenti sarebbero stati guai per tutti, soprattutto per me! Poi li tranquillizzai dicendo che non appena finito il lavoro avrebbero ricevuto i soldi. Ci fu un accenno d'intesa ed io iniziai il mio lavoro. Dovevo preparare la gettata per le cinque del pomeriggio, erano già le undici del mattino, domandai alla squadra se il tempo era sufficiente. Mi dissero OK. Alcuni di loro erano esperti, li conoscevo bene, mi raccomandai a loro e subito dopo portai la documentazione al Comune per la denuncia d'inizio lavori. Riuscimmo a finire gli scavi alle quattro e mezzo. Un'autobotte piena di cemento che avevo fatto arrivare poco prima era sul posto, doveva aspettare l'ok del Comune per fare la gettata. Avevano lavorato bene, come avevo immaginato. Le mie fondamenta erano un metro più profonde di quelle della casa a fianco, quella del vicino. Alle cinque in punti arrivò l'ispettore comunale, guardò tutto: <<It's ok all>>. Va bene dissi allora al camionista, puoi riempire tutto. Alle cinque in punto tutto era pieno di nuovo fino alla superficie. Pagai tutti, erano contenti e felici, il pericolo di buttare giù la casa della vicina era passato. Anzi rinforzai in meglio le sue fondamenta, anche se non ebbe forse il tempo di capirlo. Era pronto a

TS ROAD, AYLESBURY, BUCKS.

£269,950 FREEHOLD

Questa è la nuova casa che mia moglie non voleva che la comprassi, mi chiamava pazzo!

carpentieri per i lavori più pesanti e più complicati dove una persona sola non bastava, come per esempio, il tetto.

Ci abitammo per circa trentasei anni con cinque figli avuti nel corso degli anni. Ognuno aveva la sua camera. Una volta che si sono sposati erano rimaste quattro larghe camere, due bagni, e un salotto, cucina, sala da pranzo, garage, veranda e un grande giardino. Da lì la mia signora non volle più uscire se non quando ne costruii un'altra! Ancora più bella, più grande e nel centro della città. Non ne voleva proprio sapere di trasferirsi e per questo non riuscivo a metterla in vendita. Questa era stata la sorpresa su quella casa: prima non voleva comprarla, poi non voleva più uscirne. Fu così che mi decisi a separarla in due appartamenti per riuscire a vendere più facilmente un giorno.

## I miei fratelli In Inghilterra

Pensavo sempre di far venire i miei fratelli da me, ma non era una cosa facile, si poteva richiedere per i propri familiari solo un contratto per volta. Le leggi del Regno Unito erano severissime per quanto riguarda l'immigrazione. Per primo feci arrivare allora mio fratello Franco, prima in vacanza. Non riuscimmo a trovare un lavoro per lui e dopo tante difficoltà, dovette ritornare in Italia.

Ricominciai dall'inizio, non c'erano altri lavori, solamente da operaio in ospedale, lui era pure muratore, ma in quel tempo in Inghilterra non concedevano permessi di lavoro per quel tipo di mestiere. In ospedale mi diedero invece il contratto per lui.

Era l'ospedale di Stoker Mandeville, un grande ospedale ortopedico, specializzati nella colonna vertebrale ed era anche un grande centro per ustionati. Ci lavorano centinaia di persone da tutto il mondo, specialisti, dottori, infermieri e operai per tutte le manutenzioni. Il vincolo del contratto prevedeva che bisognava lavorare per quattro anni, altrimenti il permesso di soggiorno non sarebbe stato più valido con la conseguenza di tornare in Italia.

L'ospedale è ancora oggi il più grande in Europa. E' in grado di ricevere ammalati da tutto il mondo, al suo interno si trovano piscine e villaggi per i familiari di disabili. Volevo che anche l'altro mio fratello arrivasse in Inghilterra e insistetti con la Direzione dell'ospedale per poterlo assumere. Ci riuscii e così Bernardo fu assunto come infermiere e vista la sua costituzione come massaggiatore per disabili terminali.

Passarono gli anni e finiti i vincoli dei contratti, fondai con i miei fratelli una società per la vendita dei gelati! Nacque la Montalbano's Brothers Lmd. Acquistai alcuni furgoncini adatti a trasportare e vendere il gelato. Ne compravo due alla volta fino ad averne undici, era una bella flotta per la vendita d'icecream! .

Avevo speso una fortuna, ma erano buone macchine che producevano il famoso gelato Carpigiani, quindi il gelato era fatto sul momento. Tutto andava come stabilito. Poi i miei fratelli si sposarono in Italia e tornarono con la loro compagna, ancora una volta credo che l'influenza dei miei genitori, specie di mio papà, ci aveva convinto di trovare donne di famiglie buone e ragazze conosciute come serie.

Il loro ritorno in Inghilterra aveva allentato quell'alleanza che avevamo realizzato con i gelati. Piano, piano anche loro iniziarono a mettersi per conto proprio.

Fu per primo Franco che acquistò un fabbricato per trasformarlo in un negozio di generi alimentari di provenienza italiana. Poi, Bernardo seguì la stessa strada, anche lui acquistò un negozio, dove vendeva il noto Fish and Chips britannico: pesce e patatine fritte, cibo popolare in Inghilterra. Lasciarono solo a me la vendita dei gelati.
Continuarono comunque a darmi una mano nel loro tempo libero.

Non passarono molti anni e anch'io lasciai quel lavoro che era stata una miniera d'oro. Da solo era difficile gestire ogni cosa, soprattutto mancava la fiducia di persone dentro l'azienda. Restai però nel commercio come pure i miei fratelli. Franco cominciò con un piccolo supermarket, quasi tutto era italiano. Con lui ci furono alcune incomprensioni, si sa che quando ci si sposa può esserci diversità di vedute e così avvenne. Fu difficile il cammino perché tutto fosse cancellato e alla fine ci riuscimmo perché provenienti tutti dallo stesso sangue dei nostri genitori. Bernardo invece cominciò come ho ricordato con il Fish and Chips. Ma per una sua passione comprava nel mentre orologi a pendolo, noti come Father clock, erano orologi antichi a colonna e da muro. Ne comprò tantissimi che poi portò in Italia per la sua nuova impresa di antiquariato. Avviò, infatti, una ditta antiquaria che commercializzava gli oggetti antichi da e per l'Italia e viceversa, che estese poi anche ad altre nazioni d'Europa e del Mondo.

Diventò un antiquario internazionale, esportava nei paesi oltre oceano e importava da gran parte dei paesi europei. Ora vive in Italia, dove ha un grande emporio di mobili antichi e di stile antico. Vado spesso da lui ora che sono vecchio.

Oggi, però, trovo un po' di nostalgia per la nostra impresa vissuta insieme nel commercializzare i gelati. E' stato il punto di partenza e ci permise di essere quello che siamo e abbiamo oggi, non proprio ricchi, ma economicamente agiati. Ritornando a me, io ero un buon tecnico elettronico e questo mi aiutò tanto, soprattutto nelle diverse manutenzioni che necessitavano, quali elettricità, frigorifica, meccanica. In queste cose mi sono sempre arrangiato da me. M'inventai anche alcuni marchingegni che mi permisero di utilizzarli al posto di macchine costosissime. Mi ricordo che durante un inverno che avevo più tempo di pensare, mi feci fare da un'officina meccanica una puleggia con due gole per lo scorrimento di due cinghie. Mi servì per realizzare un mio utensile complicatissimo che vi risparmio qui di dettagliare, ma realizzai in pratica quello che oggi si chiama gruppo elettrogeno, mi serviva a mantenere l'illuminazione in casa quando andava via la luce. Avrei voluto farlo brevettare, ma non lo feci allora, poi arrivarono tutti i modelli che esistono oggi. Mi bastava in quel momento la soddisfazione di aver risolto un grosso problema che mi si faceva avanti, ma ancora mio papà: «Nulla è impossibile,...,solo difficile, ma si può fare tutto!».

Nella mia attività di gelataio, Dora mi fu di grande aiuto. Aveva compiuto diciassette anni e partecipava con tanta volontà al mio lavoro. Fu la prima gelataia donna della contea, dove vivevamo, tra le prime in England a guidare un *icecream Van* per le strade dei villaggi dove andavamo. Era una vera donna-ragazzina, guidava un camioncino, con la sua statura nessuno si accorgeva della giovane età di ragazzina e con il suo charme sapeva conquistarsi la simpatia di tutti. Era la più brava tra i miei venditori, realizzava tutti i record di vendita, era imbattibile. Per questo le diedi la responsabilità di dirigere un ristorante. Era circondata da amici ovunque, non ha paura di affrontare i problemi e chiunque si pone tra lei e i suoi obiettivi. E' una persona genuina, come il pane ma è prudente starle a distanza quando è arrabbiata. Per coraggio non è seconda a nessun uomo, per sveltezza, per iniziativa, per carattere per dolcezza con tutti, non è seconda alle sue coetanee. Io, guardandola, lo ammiro sempre con stupore.

Unn giorno le ho rimproverato di aver sposato un uomo che non la meritava. Il padre lavorava con me nell'azienda di gelato. Lui era un grande lavoratore, il figlio, il più vagabondo che puoi incontrare. Aveva il vizio del gioco ed era manesco.

Quando accompagnai mia figlia all'altare, mi si ruppe il cuore. Avevo intuito il futuro. Dopo un anno mi figlia si separò, divorziando subito dopo. Dora mise alla luce una bellissima figliola che non ha mai visto il suo papà da vicino. Di lui non ne volle più sapere.

Mia figlia Franca segui anche lei il cammino lavorativo di Dora. A sedici anni la portavo con me a vendere il gelato. Una volta, in una grande festa eravamo in otto furgoni, eravamo incolonnati. Io ero ultimo e lei in mezzo. La polizia intimava molti alt, fecero passare alcuni di noi e fermarono mia figlia senza patente! Franca aveva un temperamento diverso da Dora, era timida, sempre precisa in tutto.

Per evitare problemi tentai di risolvere la situazione e allora scesi velocemente andando da lei dicendole subito che lei si chiamava Dora Montalbano; la sorella, infatti, aveva la patente, noi eravamo ben conosciuti dalla polizia locale, quando operi in commercio, ci s'incontra spesso. Non conoscevano Franca e allora dissi al policeman che dovevamo andare alla festa senza arrivare in ritardo. Il poliziotto mi fece tacere immediatamente, e rivolgendosi a mia figlia le disse di mostrarle la patente.

Intervenni di nuovo io, dicendo che nessuno portava dietro la patente quando si andava a lavorare. La risposta fu di presentarci al commissariato quella sera per esibire le patenti di guida lasciandoci andare comunque. Franca quasi non voleva più guidare della paura, le rivolsi un'occhiata per evitare altre complicazioni. Più tardi la tranquillizzai, le dissi che la sera sarebbe andata Dora con la sua patente. La giornata stava per incominciare male, ma fu una giornata di sole e di gran successo di vendita. Ventisei anni, i più belli della mia gioventù, passarono a riparare i furgoni e portare avanti quel complicato mestiere.

Arrivò dall'Italia un'inaspettata e brutta notizia. Partimmo subito per l'Italia, dove mio papà aveva avuto un ictus cerebrale. La situazione si complicò dopo alcuni tentativi di rianimarlo, ma non fu possibile fermare la volontà di Dio. Fu un dolore comunque per tutti noi. Dopo gli anni passati insieme ci siamo separati, io sentivo comunque la sua presenza, mi guardava e sorrideva, così ho sempre continuato a vederlo. Il mestiere del gelataio iniziava a disturbarmi, sempre senza vacanze, senza feste, erano le feste che ci aiutavano a stare in pace, ma nelle feste dovevamo

lavorare di più. Avevo spinto tutta la famiglia a grandi sacrifici, così come credo per tutte le famiglie di emigrati.

## L'incidente che mi rovino la schiena

Un giorno bucai una ruota, mi fermai immediatamente, nello svitare i bulloni, uno che era così stretto mi procurò per lo sforzo un grave problema alla mia schiena. Giovane com'ero, forte e caparbio, tirai fuori tutta la mia forza, riuscii a svitarlo, ma dallo sforzo la mia schiena ebbe uno stiramento violento. Non mi potevo più alzare, mi tremavano le gambe, non sopportavano più il peso del mio corpo, vidi le stelle di giorno per il dolore, mi vennero a prendere, mi portarono a casa, per portarmi a letto ci vollero quattro persone, prima che mi portarono all'ospedale. Lì mi stirarono nel vero senso della parola e mi misero un busto di gesso per quaranta giorni. Vidi mille colori di dolori, cambiò la mia vita, ancora oggi sento quel dolore. La mia schiena non recuperava mai, anzi peggiorava tutti giorni con il lavoro, spesso avevo mia moglie che assisteva le mie riparazioni meccaniche per assicurarmi di un'assistenza immediata. Le mie gambe non reggevano più il mio corpo, spesso cedevano ed io andavo a terra.

Soffrivo da morire. Mi ricoverai nuovamente in ospedale qualche anno dopo. Il chirurgo che mi doveva operare mi disse: «E' arrivato il momento per operarti,...,non è più possibile andare avanti cosi, avevo paura, mai avuta prima, avevo paura, ma non di morire. Pensavo che sarei finito su una sedia a rotelle, questo era il mio presentimento. Mi feci portare a casa, rifiutai di operarmi, nonostante era tutto pronto! Mi portarono davvero a casa. Il dottore mi disse che stavo perdendo del tempo prezioso e che sarei ritornato in quel posto. Mi portarono a casa nel pomeriggio dell' estate del '74, ma io non reggevo più dai dolori, ero stato caricato di antidolorifici. Ogni piccolo movimento si rifletteva sulla mia schiena e resistevo, anche se volevo gridare dal dolore.

Furono giorni e mesi che non auguro a nessuno, non potevo più camminare come volevo. Una notte mi svegliai, erano circa le tre di notte. Venne l'ora di fare un figlio maschio. Dissi a mia moglie dobbiamo fare l'amore. Tu avrai un figlio se qualcosa mi succedesse, avrai chi ti protegge e avrai la compagnia di un maschio. Mi prese per matto e forse non aveva tutti i torti, forse sì! Ma avevo un bisogno irrefrenabile di dare a mia moglie un figlio maschio, era la mia intuizione, era nelle stelle, lei avrebbe avuto un figlio maschio. Dopo aver fatto l'amore, sarei andato in ospedale a farmi operare, questo le dissi. Il suo amore accettò ancora una volta la mia caparbietà. Avevo lanciato il mio desiderio, grazie a lei. Dopo quel momento felice potevo ora morire. Fui portato in ospedale. Il medico molto spiritosamente mi disse se avevo passato una bella notte. Certo! Gli risposi, ho fatto l'amore con mia moglie, nascerà un figlio maschio! Mi sorrise, pensava che fosse una battuta in inglese. Sapevo mi disse ancora che sarei tornato presto. Ti opererò prestissimo, forse già stasera concluse in modo austero. Mi disse che potevo trascorrere la giornata come desideravo, poi mi avrebbero preparato per l'intervento notturno. Nella serata mi portarono in sala operatoria, lì avrebbero proceduto a farmi un'iniezione lombare. Arrivato in sala, mi fecero piegare più che potevo, a un certo punto non vide più nulla.

Aprii gli occhi, vidi tutta la famiglia attorno a me, io ero messo da un lato con la gamba sull'altra piegata. Ero sorpreso a trovarmi così, tutti mi baciavano, come ti senti? Il dottore dice che tutto è andato bene e ti hanno levato un disco dalla schiena che era molto deformato, presto ti ristabilirai coma prima. Parlavano e mi annoiavano, volevo solo dormire, solo questo. Ogni due ore mi giravano sul lato opposto. Mio fratello era incuriosito da quel metodo, era stato anche lui operato alla schiena per un problema analogo, ma lui fu posto a faccia su per due settimane, sempre a guardare il soffitto. Ma io stavo decisamente meglio in quella posizione alternata, pensavo che tecnologia fa sempre miracoli, ogni giorno era comunque dura. L'indomani arrivò il medico, mi sorrideva, m chiese come stavo. Sei fortunato mi disse, il disco era così deformato che solo uno strappo poteva danneggiare il midollo lombare della schiena, ora sei a posto dopodomani ti mettono  in piedi e vediamo come va. Dopo quattro giorni mi portarono a casa mia di nuovo. Odiavo gli ospedali, lui mi concesse un ricovero a domicilio, mi veniva a trovare molte volte a casa, eravamo vicini di casa. Tutto si concluse per il meglio. Avevo superato una possibile tragedia.

Ripresi a lavorare, nella mia azienda con tutti i problemi tecnici da risolvere perché i furgoncini dei gelati non si fermassero. Avevo bisogno di area parcheggio, non potevo continuare a tenere i furgoni fuori, non avevo lo spazio per fare le riparazioni meccaniche, i lavaggi, la manutenzione delle macchine del gelato. Finalmente dopo tanto peregrinare trovai una casa con un grande giardino proprio vicino al centro del paese, adatta al mio scopo, avrei realizzato il mio deposito. Subito sistemai il grande cortile con una pavimentazione di calcestruzzo, realizzai una grande cella frigorifera, dove conservare i contenitori di latte per preparare il gelato. Adattai il cortile a tutto quello che serviva per il ricovero notturno dei furgoni.

Il mercato era in espansione e molti competitori si affacciavano nel business offrendo prodotti alternativi o a minor prezzo a scapito della qualità, della genuinità del gelato che noi garantivamo. Tra i sessantacinque furgoni che si davano concorrenza i nostri si facevano rispettare, per fortuna eravamo tra i migliori a vendere le migliori marche. Ma la concorrenza fu spietata anche tra i migliori, si scatenò una vera guerra giornaliera, i venditori sui furgoni spesso facevano a pugni nelle strade, molto spesso si andava a finire davanti alla corte della contea. Noi in particolare subimmo molti danni, anche attentati ai nostri macchinari.

Questo andò avanti per anni e anni. Strano, ma vero, quando dismisi la mia azienda, molte altre compagnie cessarono di vendere il gelato in giro. Oggi quel mercato è quasi sparito.

Chissà se fossi rimasto al mio lavoro di tecnico in quella grande azienda elettrotecnica sino ai miei sessantacinque anni, come sarebbe oggi la mia pensione!

Nacque finalmente il mio maschietto! Eravamo felicissimi, dopo tutte le figlie, ora finalmente avremmo avuto un figlio che lei teneva più di quanto ci tenessi io. Sentivo la stessa felicità sua.

Ma la sorpresa non tardò a meravigliarci, a quarantacinque anni, mia moglie mette alla luce due gemelli! Non fu un parto facile, le tribolazioni si susseguirono ancora qualche mese prima, evitammo un momento di alta rischiosità che stava mettendo in pericolo le due creature. Tutto alla fine trovò una soluzione. Baciai mia moglie, grazie a Dio era viva e stava bene. Li battezzammo. Rino e Luisa. Si! Erano stati due gemelli, ma un maschio e una femmina. Belli e sani!

Luisa si sposò, lo sposo era del Nord, mi hanno invitato a fare un discorso per lei. Io non ne avevo ancora preparato uno, ma mi venne nella testa, com'è nata. Era il destino che noi tutti, oggi siamo qui, a questo matrimonio di Luisa....e raccontai tutta la storia. Tutti si fecero una bella risata e vennero in molti a congratularsi con me e mia moglie; era curioso il discorso che feci, ma feci ridere, questo mi dissero in molti. Pensavano che fosse uno scherzo, ma mia moglie li disilluse, era tutto vero.

Ripresi la vita normale, come tutti. Ma nella mia mente avevo il desiderio di andare in giro per il mondo, prima era impossibile perché non c'era il tempo. Cedetti la mia attività commerciale, costruì una bellissima casa grande e comoda, ampi spazi, ariosa, tre bagni e due cucine, tre sale da pranzo, tre camere, tre garage, ufficio e due enormi salotti, è dove oggi abitiamo dal 1990. Mi aiutarono a realizzarla i due gemelli e per premio li portai in vacanza per un mese a Torino, Roma e Palermo. Ci recammo al mio paese natio, era nel cuore mio, dentro c'è sempre la Sicilia, bella e piena di sole, di amore. Appena ritornammo dalle vacanze, ripresi il lavoro che mi aspettava: dovevo ultimare la costruzione di quella grande casa costruita con lo stile italiano.

Finii il denaro, mi mancavano i soldi per finire l'ultimo piano. A sessant'anni non è facile per nessuno fare un mutuo, feci un po' di conti più o meno ci volevano trentamila sterline per finirla. Nessuno poteva farmi un mutuo alla mia età. Avevo comunque deciso di finirla. Lavoravo solo il giorno, appena finivano, le scuole mi aiutavano i gemelli, Luisa impastava con la mixi, Rino mi portava tutto per murare. A una compagnia di assicurazione che mi conosceva da tanti anni, chiesi un mutuo. Mi fu rifiutato. Non avevo mai avuto bisogno di un prestito. I tassi erano molto alti, ci voleva una vita per restituire tutto. Ma se hai bisogno, deve accettare quello che vogliono e così mi mandarono i soldi ed io finii la casa. Avevo grosse difficoltà nel restituire le rate, avevo chiesto a un'altra società finanziaria un prestito, ma non fu sufficiente. Avevo bisogno di pagare entro un certo tempo alcune ultime rate lasciate impagate. Telefonai a mio fratello Bernardo che mi aiutò subito. Pagai grazie a lui, tutto in un colpo, mi levai una spina che doleva tanto davvero. Mi sentivo un uccello libero. Ricordai allora rilassando la mente quando andai a prendere i miei genitori alla stazione di Londra per la nascita della mia seconda figlia. Il giorno che loro arrivarono alla stazione Vittoria di Londra, andai a prenderli con la mia macchina, allora non c'erano autostrade, solo l'A41, una strada ordinaria. Andai prima per trovarmi lì prima del loro arrivo, ma a metà strada buco una ruota, mi fermai a un garage per farla riparare. Allora le riparavano solo a mano, più di un'ora per ripararla, non ci riusciva, levava la ruota, la riparava, la metteva e sempre bucata era, mi fece fare tardi, e sono dovuto andare con la ruota di scorta.

Riprendo il mio viaggio. Ero più di mezza ora in ritardo, loro arrivarono prima di me. Allora si trovavano poche macchine in giro per Londra ma ho dovuto fare alcuni giri prima di parcheggiare vicino la stazione, arrivai al più presto possibile, ma feci molto tardi. Ero arrabbiato e preoccupato per i miei genitori. Pensavo, come se la sarebbero cavata non trovando me...dovevo arrivare prima. Mio papà aveva molta esperienza a viaggiare nelle città, con tanta gente. Ma la Vittoria Station di Londra era un'altra cosa, la mamma non aveva mai viaggiato o vista tanta gente come a Londra, ma ancora peggio in un'altra Nazione, non sapeva parlare e non poteva capire.

Pensate per un attimo due persone provinciali, anziane in un paese straniero, non sai parlare e capire come vi sentireste al posto loro? Non trovi chi ti deve aspettare. Sei perso in mezzo a tanta gente, estranei che corrono, nessuno ti vede o ti aiuta.

Appena parcheggio scappo di corsa dove arrivava il treno, li vedo da lontano poggiati al muro della stazione interna. La mamma aveva un fazzoletto sul viso, piangeva, era molto triste e preoccupata, le aveva preso il panico.

Mio padre la calmava, e lei non voleva saperne, era impaurita, io corsi verso di loro, la mamma appena mi vide esplose di commozione: <<Oh Dio! Sei arrivato, che paura!>>. Mi abbracciò forte, non l'aveva mai fatto. Ma dove sei stato? Mi disse,...,<<Ci hai fatto morire di paura,....,pensavamo che non ci trovassi. Dio! Ti ringrazio di averci trovati! Ma quanta gente! Ma da dove viene e dove va? Io non l'ho mai vista tanta gente assieme così e tutti corrono fanno sempre così?>>. Abbracciai mio padre, mi scusai con lui, gli spiegai cosa mi era successo! Rivolgendomi a entrambi dissi: <<State bene? Avete fatto un buon viaggio? È lungo vero? Siete un po' stanchi vero?>>. Erano un po' stanchi, ma di più spaventati.

Indicai a mamma e papà la macchina davanti all'uscita, avevano tante valigie, ci portarono l'uva della pergola di casa nostra! Io e papà prendemmo le valigie, la mamma prese l'uva e le borse; seguitemi, non è lontano, li mesi in macchina e via per Aylesbury, nel Nord di Londra. Dovevamo attraversare mezza città, tutto Hyde Park, Edgeware Road, Swiss Cottage, infine l'A41 per Aylesbury, più di un'ora di strada. Mio papà, al mio fianco guardava tutto silenzioso mentre la mia mamma mi diceva quanto tempo, occorreva ancora per arrivare. Ma quando arriviamo, continuava a ripetere. Ma dove sei andato a finire? Ma dove abiti? Ma come fate così lontano? E cosi via, tenera mamma.

Ero ancora in panico per quello che era successo. Cercai di tranquillizzarla dicendole che le sarebbe piaciuto tutto. Ma lei continuava, mi domandava com'era la casa, come stava mia moglie, le dissi che l'avevo portata in ospedale d'urgenza, ma che avevamo avuto una bella bambina di nome Franca. Lisa era ancora in ospedale, dovevano aspettare domani per vederla. Mio papà insistette per vederla quella sera stessa. Ma è tardi, non si può adesso! Ma l'insistenza di papà è oramai nota anche al lettore, così imboccammo la strada per la clinica, dove Lisa era ricoverata.

Era una clinica privata, quando arrivammo all'ingresso, la governante un po' curiosa e severa ci aprì la porta che era naturalmente già chiusa. Cercai di avere un'aria supplichevole, le dissi quanto era vero: «Le chiedo un favore, i miei genitori sono arrivati dall'Italia, tre giorni e tre notti che viaggiano e insistono di vedere la nipotina e mia moglie prima di andare a riposare. So che non è il momento, aggiunsi, so che stiamo disturbando. Fu straordinariamente gentile, ci raccomandò di fare silenzio, per cinque minuti ci avrebbe concesso di vederle. Fece cenno di seguirla, in punta di piedi, però. Riuscimmo a fare tutto e uscimmo com'era nei patti entro cinque minuti. Come se non bastasse, fuori mio papà m'incalzo: «Vedi che non era un problema?». Riprendemmo la via verso casa ed io riuscii a non rispondere alla battuta di mio padre. A casa ci aspettavano i miei fratelli. Dopo alcuni giorni, la famiglia era nuovamente al completo! Era incredibile, poco tempo addietro lontani, ora tutti assieme.

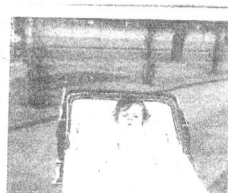

La terza figlia, Silvana, arrivò dopo dieci anni! Mia moglie invitò la sua mamma a venire in Inghilterra per stare assieme ai suoi nipotini, era la prima volta. Lei accettò e noi le mandammo i biglietti per l'aereo, per la prima volta poteva venire qua in aereo a poco prezzo, si era inaugurata l'era dei voli charter. Il giorno che lei arrivò andai a prenderla in un aeroporto nuovo che ancora era in fase di costruzione, sarebbe diventato un aeroporto intercontinentale, Gatwick. Era il quarto aeroporto di Londra; il primo, London Heathrow, era il più grande aeroporto del Regno Unito. Il secondo aeroporto è Luton, il più vicino a noi, il terzo era Stansted, altro aeroporto internazionale.

Mia suocera arrivò a Gatwick, una marea di passeggeri si alternava in entrata e in uscita, era la prima volta che viaggiava, anche lei stava vivendo una nuova avventura più che straordinaria. Dovevo aspettarla per forza all'uscita, in quell'aeroporto era impossibile intrufolarsi nell'area passeggeri in arrivo. Riuscii a chiamarla e per fortuna riuscì a sentirmi e soprattutto a vedermi.

Le domandai convenzionalmente le solite cose di circostanza: «Hai fatto un bel viaggio?». Tremava tutta, quando mi vide, gridò: «Oh Dio! Sei qui?...Provo una gioia di liberazione, di sicurezza, come se fossi atterrata in Paradiso. Oh Dio! come ho fatto a venire fin qui? Io sono atterrita dalla paura, ma quanta gente! Che è successo?». Niente! Risposi. Le dissi che quelle persone stavano viaggiano come lei, era tutto normale, tutti giorni era così e per tutto il giorno. Era veramente terrorizzata, continuava a ringraziare Dio di essere arrivata sana e salva, ma incredula. Si strinse a me con tutte e due le mani, mi supplicò di non lasciarla, aveva paura del via vai della gente, frettolosa, disattenta agli altri, infatti, occorreva evitare noi loro e non viceversa. Uscimmo alla fine da quella ressa e c'era ancora un po' di strada per arrivare alla macchina. Lei era sempre stretta a me e questo la tranquillizzava un po', anche se la sentivo ancora tremolante e smarrita. Ma come fate con tutta questa gente?

Continuava a dirmi,...,questo è un manicomio!...Sembrano tutti pazzi! Tentai di spiegarle che era tutto normale, a differenza dell'Italia, era tutto più grande, tutto più frenetico, ma tutto normale per quella Nazione. Finalmente arrivammo alla macchina e la misi comodo dentro quella Console, era grande e comoda, si volle davanti, era spaventata, sì, tremolante certo, ma più di ogni cosa era curiosa. Partimmo verso casa, attraversammo da sud a nord Londra, con un po' di fortuna, in tre ore e mezzo saremmo arrivati, diversamente il traffico ci avrebbe rapiti. Ricominciò a ripetere la cantilena della paura, della folla, del traffico veloce, aveva paura che le auto che circolavano in senso opposto al nostro ci venissero addosso. Allora la tranquillizzavo, le dicevo, ma no, hanno solo fretta e corrono tutti per non fare tardi come noi. Gli sembrava il rientro dei villeggianti al rientro domenicale, tutte quelle macchine le davano questa impressione. Per tutto il viaggio, insomma, non riuscì a capacitarla che poteva stare serena. La capivo però. Attraversai Waterloo Bridge, arrivammo al centro e le feci vedere West End, era stupefatta a vedere tutte quelle cose, quelle luci fantasmagoriche, abituata al paese provinciale della Sicilia pieno di pace e serenità, quella frenesia la infastidiva.

Non vedeva l'ora di abbracciare la figlia. Finalmente arrivammo. La figlia la stava aspettando, si abbracciarono e subito le disse: <<Ma dove ti porta questo diavolo all'inferno?...Oh Dio!...quanta strada che abbiamo fatto per arrivare e lui sapeva dove andare, è difficile qui, io non ci abiterei mai>>.

Alcuni giorni dopo l'arrivo di mia suocera Lisa fu ricoverata, era arrivata l'ora del parto. Nonostante gli impegni furiosi con il mio lavoro, abbandonai tutto per stare vicino a mia moglie, e alle sei del pomeriggio diventavo ancora padre di un'altra bellissima mora! Aspettavo come il solito nella sala antistante al reparto, quanto meno pensavo che arrivasse, me la portarono con un ciuffetto di capelli in testa, un bel visino, occhi scuri e grandi, era bella formata, era una bambola, l'infermiera mi disse che ero come sospeso in aria dalla gioia. La presi in braccio, era un'altra femmina. Così aveva deciso il buon Dio! Detti la notizia a tutti. Ma a me comunicarono una brutta notizia, la bimba aveva bisogno di una trasfusione di sangue subito. Ero rimasto di marmo, addirittura qualcuno mi consigliò di farla battezzare immediatamente secondo il rito cristiano. Stavo sognando o stavano scherzando?

Non potevo donare il mio sangue, era incompatibile con quello di Lisa. Ma non riuscivo a convincermi che fosse tutto vero.

Continuavo a pensare a un errore. Mi dissero di no, mi dissero che domani in ospedale lo specialista mi avrebbe spiegato tutto, ma era certo che la bimba doveva avere la trasfusione al più presto possibile. Mia suocera, non capiva, ma aveva capito che c'era qualcosa che andava male, io le dico: «Devo uscire torno subito, lei stia attenta ai bambini».

No! Mi disse lei, intuendo da saggia donna di paese che qualcosa di orribile stava succedendo. S'informò con me di quanto stava accadendo e voleva sapere mentre m'impose di portarla con me. Le spiegai tutto, allora fu lei a tranquillizzarmi dicendomi di andare pure che alle bimbe in casa avrebbe provveduto lei. Così corsi in ospedale, trovai stupefatto il prete per battezzare la bimba. Non avevamo ancora deciso il nome e il prete ci suggerì il nome della Santa in calendario per quel giorno: Santa Maddalena.

La battezziamo con questo nome ti va? Disse il prete. Sì, per me va ben dissi, ma possiamo chiamarla Silvana? Certo! Allora la chiameremo Silvana Maddalena. La battezzammo con quel nome che poi sarebbe piaciuto a tutti e anche a lei. Oggi, lei è molto contenta dei nomi con cui la battezzammo di corsa.

Il giorno seguente il medico mi chiamò nel suo ufficio e mi spiegò tutta la faccenda, non capivamo ancora perché le due bambine precedenti a Silvana non avevano avuto problemi di quel genere. Mi disse che la bambina poteva tollerare i due gruppi sanguigni dei genitori. Era tutto finito, grazie alle trasfusioni che ricevette. La nuova tecnologia continuava ad aiutare gli esseri umani, anche se spesso essi non se ne rendevano conto e molto spesso davano tutto per scontato. Ma la facilità che c'era messa a disposizione, per risolvere problemi di ogni genere, passava per il continuo sacrificio e l'instancabile dedizione di persone che nel loro silenzioso e lungo lavoro all'interno di una stanza pensavano, elaboravano, intuivano e proponevano le nuove scoperte. Un grazie va rivolto anche a loro!

Mia moglie tornò a casa, la bimba doveva restare in ospedale sotto osservazione. Andavamo a vederla tutti i giorni, Silvana si faceva sempre più bella fino a che ci dissero che tutto era tornato normale. Potevamo portarla a casa, con Noi! Mia suocera incominciò a fare pressione per fare tornare sua figlia in Sicilia. Le domandavamo se c'era qualcosa che non andava, se si sentiva male e ci diceva che stava bene solo voleva ritornare a casa sua. Non si lamentava, ma si trovava in un posto che non le piaceva, insistevamo, ma la sua decisione di tornare a casa era irremovibile. Tornò, infatti, in Sicilia, ma dopo poco tempo ci fecero sapere che era stata ricoverata d'urgenza in ospedale. Alcuni mesi dopo morì, un dolore enorme per tutti noi. Io mi sentivo in colpa per non averla forzata a farsi visitare da un medico in Inghilterra, quando capivo che non stava molto bene, ma lei negava tutto.

# I gemelli

Già ho raccontato il precedente che mi ha spinto a desiderare un figlio maschio per poi trovarmi con due gemelli, una vera coppia: un maschio e una femmina. Nacquero nell'anniversario di matrimonio: le nostre nozze d'argento, così erano chiamati i venticinque anni di vita matrimoniale trascorsa insieme. Volevo insomma l'erede! Altro costume culturale degli anni antichi, forse degli anni dormienti!

A Rino ho voluto dedicare il ristorante che realizzai, dopo tutte le altre mie attività. Progettai e realizzai, infatti, ristorante italiano nel paese, dove abitiamo. Tanti anni prima avevamo gestito una pescheria abbinata ad alcuni generi alimentari surgelati. In quella cittadina, c'era solo un negozio che vendeva pesce, un altro ci voleva davvero. Costruimmo così il primo Shop Fish Center, nella città di Aylesbury, che era allora un paese di contadini. Ogni mercoledì e sabato facevano il mercato, tutti i contadini di animali di ogni genere: cavalli, mucche, pecore, polli. Ogni Natale compravamo, freschissimi il capone, polli, ecc; li vendevano all'asta e c'era sempre un buon affare per tutto e poi ogni tipo di verdura in un altro mercato vicino al centro del paese, che esiste ancora oggi. Arrivarono le mode dei mercati dalla A alla Z, in capannoni chiusi, dove potevi trovare di tutto. Ma fu un fiasco per tutti, davvero un fallimento per tanti. Io fui uno dei primi operatori di quel Centro, ne uscii con tante perdite. Parleremo più avanti del perché. Durò meno di dieci anni, poi fu necessario riconvertire negozi e attività. Il mercatino tornò al suo posto originario che porta il nome di

Market Square, Piazza del Mercato. Al suo posto fu realizzato un cinema, un pub e alcuni locali notturni, il Multi Story Car Park offriva un ampio parcheggio per le macchine. Ma non fu l'ultima ristrutturazione, ne seguirono altre, il Municipio era impazzito, demoliva e ricostruiva, demoliva e ricostruiva. I cittadini pagavano sempre attraverso la tassa locale "Pole Tax".

Mi avventurai in quest'altra impresa, anche consigliato da mio fratello, prenotai un modulo, un'area di alcuni metri quadrati per avviare l'attività di vendita del pesce fresco. L'avevo attrezzato con quanto occorreva per dare un servizio di eccellenza. Mi accorsi all'inaugurazione del centro che accanto al mio sito c'era un macellaio e questo andava bene, ma di fianco scoprii che stava aprendo un'altra pescheria. Protestai con l'organizzazione perché per quello che conoscevo dovevo essere l'unico a vendere pesce. No! Mi dissero, siete in tre! A quella risposta mi si annebbiò la vista. Con la liberalizzazione non c'erano più vincoli mi dissero, questa è l'evoluzione del mercato. Mi dissero che se non fossi stato d'accordo potevo ritenermi libero!.

Ma come libero! Esclamai. Avevo già ordinato tutto non potevo cancellare tutti gli ordini. Non riuscivo a darmi pace. Non mi abbattei neanche quella volta. Mi feci coraggio e assumendo una simpatica signora italiana che sarebbe stata al banco di vendita, mi preparai alla sfida. Ero solo e impegnato con l'azienda del gelato. Bisognava andare avanti, la famiglia stava diventando numerosa e non era propensa al commercio. Così partì la scommessa con me stesso.
Ogni venerdì mattina alle due di notte con mio fratello andavamo a comprare il pesce al Bill Gates market di Londra, il miglior pesce del Regno Unito. Tornavamo intorno alle sette - otto, preparavamo la vetrina frigo e per le nove si apriva al pubblico.

Tornavo, dopo aver dato le indicazioni alla mia commessa, al mio deposito, lì davo disposizioni per avviare i furgoncini del gelato e alle due del pomeriggio ritornavo al negozio di nuovo.

Questa era la vita che mi ero creato, unito a quella che già avevo e non era facile. Ora dovevo lavorare pure la notte. Tutto questo andò avanti per tanti mesi fino a che un giorno il rappresentante del gelato con il quale discutevamo di tutto come andavamo e quello che si doveva fare, tutte le novità ecc., voleva parlarmi su alcuni problemi. E i problemi aumentarono soprattutto quelli finanziari, tanto è vero che fui costretto a rivedere alcune scelte. Chiesi l'aiuto di mia moglie che non tardò ad arrivare. Mia moglie diventò pescivendola. Io non avevo tempo per dedicarmi a quell'attività, il lavoro al deposito mi assorbiva tutto il giorno e per sette giorni la settimana. Inesperta nel settore lei cercava di fare del suo meglio, ma tutti i miei clienti piano, piano si servirono nelle altre pescherie.

Dovevo aumentare le vendite per pagare le spese. Incominciai a portare cose nuove ogni venerdì: cozze anguille, jelly fish, pesce affumicato di ogni genere, salmone, merluzzi, sarde, ma gran parte non era venduta. A nulla servì la promozione gratuita di fare assaggiare alcune piccole porzioni gratuitamente, quasi nessuno tornava a comprare. I clienti si comportavano come in tutto il mondo. Dove tendeva ad andare uno di essi, gli altri li seguivano. A nulla servì ancora ad abbassare i prezzi quasi al prezzo di costo. Integrai allora le vendite con il a porta a porta e la vendita per strada con il furgoncino. Era dura, vendevo più in quel modo che nella moderna pescheria.

Arrivò il tempo dell'alt per me. Ero veramente stanco e per la prima volta accusavo la stanchezza. Trovai un altro italiano, gli vendetti il furgoncino e la zona che mi ero conquistato. Chiusi l'attività e mi rifugiai nel mio deposito. Non toccò però solo a me, a uno a uno in quel Market center chiusero in molti la propria attività. Io uscii indenne da quella sconfitta commerciale, altri subirono una sonora perdita finanziaria. Quel centro venne di nuovo demolito e ricostruito con altre logiche e oggi da pensionato vedo che ne stanno realizzando ancora un altro. Che spreco disumano!

## RiNO Ristorante italiano.

Era arrivato il tempo di preparare tutto per realizzare un altro mio progetto: un Ristorante Italiano e Pizzeria, ma senza soldi e molto coraggio. Ci sono voluti sette anni di caparbietà, la mia, per fare approvare il progetto. Avevo consolidato tre vecchie case, acquistate una alla volta, invendute per anni e collocate in una strada molto popolata, oggi in quella strada si trova anche il più grande Shopping Center della città in

Aylesbury. Ristrutturai quelle case ricavandone un negozio, sarebbe diventata un'ampia pizzeria e un caratteristico ristorante. Purtroppo arrivarono i primi intoppi, la zona era residenziale e non idonea a ottenere licenze commerciali. Furono sette anni di lotta con le autorità comunali per poi concedermi quello che potevano fare sin dall'inizio. Ma forse ho dovuto applicare il motto di mio padre, senza insistenza e perseveranza con ogni probabilità non avrei ottenuto quello che invece mi concessero. Allora dissi a Lisa che mi aveva disilluso che occorreva essere determinati, le dissi che nella vita se si fosse voluto qualcosa di desiderato non bisognava arrendersi, mai! Ci vollero altri tre anni per costruire quel sogno: tutto veniva dall'attività con il gelato.

Il primo giorno in pizzeria si mangiava gratis. Gli inglesi non conoscevano ancora la pizza e per farla assaggiare la facevamo tutta a pezzetti e la mangiavano subito appena sfornata, c'era tanta gente e così introducemmo la Pizza italiana anche in quella cittadina. L'attività funzionava bene e mi aiutava tanto. Ma occorrevano altri fondi per pagare tutto; ero ben conosciuto in banca e mi consentivano di sforare il livello di credito che mi avevano concesso. Ma dovevo ancora pagare la cucina centrale e non avevo molto tempo. Le mie figlie, Dora e Franca, di giorno, vendevano gelato, di sera vendevano pizza, io sempre a finire il lavoro, avevo bisogno di aiuto e lo cercavo solo quando davvero non potevo farne a meno, non potevo pagare se mi aiutavano, tutto da solo al lavoro fino a mezzanotte quando chiudeva la pizzeria. Era una vitaccia tutti i giorni per portare a termine il mio sogno, ma era quasi compiuto.

Il Governo britannico dell'epoca mise in ginocchio la Nazione, la Lady di Ferro, Mrs. Margaret Thatcher, divenne Primo Ministro. La Gran Bretagna visse la sua stagione di stagnazione economica e di recessione. Tutti eravamo sconvolti per quello che succedeva giornalmente, era un disastro, per tutti. Io dovevamo aprire il mio ristorante, nessuno comprava, tutti volevano vendere, eravamo terrificati ogni giorno di quanta gente falliva, le banche non davano più soldi, anzi, cercavano di rientrare dei loro crediti. La sterlina subì diverse fasi di svalutazione.

In pochi mesi l'Inghilterra si tuffò in un mare poco trasparente di crisi epocale che divenne catastrofica. Ebbi una lite furiosa con il direttore di banca che frequentavo da anni che si rifiutava di mantenermi il fido bancario. Si trovò una soluzione anche per questa brutta storia, pagando però interessi da usuraio. Quel debito con quegli interessi si raddoppiò, mettendomi di fronte ad uno dei debiti più rilevanti della mia vita.

Il mio avvocato mi consigliava di fare come tutti gli altri, fallire per non pagare nessuno. Sul momento gli dissi di sì. Lasciai il suo ufficio verso le otto di sera e mi avviai a piedi verso la città. Avevo tre chilometri davanti a me e lungo il percorso mi venne in mente mio padre quando mi fece pitturare la scala al casello della ferrovia, da solo. Già da solo! Era un ricordo che avevo lasciato in fondo alla mente per venticinque anni. A quell'età pensavo che mio papà era stato cattivo e crudele, quasi senza pietà. A me dicevo come poteva farmi quel male a lasciarmi da solo, pensavo che potesse darmi uno o tre o più operai per aiutarmi. No! Dovevo farlo da solo, non lo avevo mai capito il perché. Dovevo obbedire, poco importava se non mi piaceva. Dopo tanti anni capii perché!. Ero più che quarantenne e il mio avvocato mi aveva convinto davvero di dichiarare fallimento. Mentre continuavo a camminare ripensai a quel consiglio, ma ripensai all'episodio della scala da dipingere e che mio papà m'imponeva che dovevo farla da solo: «Non c'è nulla d'impossibile». Respirai profondamente e a lungo, girai i tacchi e tornai allo studio, lo stavo per avvertire che avevo cambiato idea, niente fallimento! Stavo per mandare all'aria cinque lunghi anni del mio lavoro e dell'aiuto dei miei familiari. Per contraddizione, presi tutta la mia famiglia e fuggimmo tutti in vacanza, a Tenerife al sole!

Uno di quei felici giorni di sole, un signore sdraiato accanto alla mia sdraio mi disse che lui era un ragioniere, abitava dall'altra parte di Londra, parlando ci siamo conosciuti meglio.

Ci scambiammo una serie d'informazioni che riguardavano le nostre attività, le nostre esperienze e quanto altro si tende a esprimere in vacanza in modo occasionale. Gli raccontai metaforicamente che con i miei sforzi, ma insieme con quelli della mia famiglia avevo preparato con tanti sacrifici una bella torta da gustare (il mio ristorante), per fare quella torta mi ero fatto prestare del denaro dalle banche che avrei restituito.

Ma un giorno come in una favola che si rispetti, arrivò una strega cattiva che ridusse la Nazione britannica a uno straccio e fu così che quella torta se la tenne stretta in frigo i banchieri che mi avevano concesso il prestito. Ero rimasto insomma senza la soddisfazione di gustare quella torta. L'amico ragioniere si fece una sonora risata per il modo di raccontare la storia.

Sì, è veramente buffo, disse, come hai descritto la tua storia. Lasciami pensare, mi disse ancora. Magari potrò aiutarti in qualche modo. Non prometto nulla, ma mi hai fatto sorridere un po'. Vediamo se possiamo ridere un po' anche noi in corte, disse!

Mi diede il suo contatto e mi disse di tenerlo informato.

Incominciai ad avere le prime udienze in tribunale per le richieste di rientro da parte della Banca. Una sera bussarono alla mia porta, era un ufficiale giudiziario con un mandato di pignoramento. Insistette subito per entrare, era quasi insolente nei modi. Discutemmo animosamente, voleva entrare a tutti i costi, ma continuavo a dirgli che poteva tornarsene alla sua partenza. Tentò un gesto che mi fece imbufalire, tentò, infatti, con uno scatto di entrare in casa passando sotto il mio braccio teso che teneva la porta. Lo presi allora per la camicia e lo tirai fuori. La manica della sua camicia mi rimase tra le mani.

Non mi bastò, lo raggiunsi e lo presi come un pollo per il collo, fu un momento da incosciente il mio, ma in quel momento avevo liberato tutta la mia rabbia interiore per le ingiustizie che la vita mi aveva riservato sino a quel momento. Era stata una reazione esagerata, è vero, ma umana, di umana disperazione. La reazione fu così violenta che nonostante fossi stato chiamato l'indomani dall'Ufficiale giudiziario capo, non fecero più ritorno nella mia abitazione. Fu poi la corte a comprendere le mie ragioni, decidendo che avrei pagato il debito dopo la vendita della mia casa. All'udienza finale mi accompagno il ragioniere che avevo conosciuto al mare in vacanza, fu lui che si offrì di assistermi. Uno dei due giudici si mostrò molto conciliante, ammisi i miei errori ed anche lo sbaglio per aver coinvolto la mia famiglia in un'avventura commerciale che volevo solo io.

Spiegai con calma tutte le mie vicissitudini e i tentativi di rispettare tutti i miei impegni e di onorare i miei debiti, ma la Nazione doveva darmi una chance per onorare tutto. Gli dimostrai i miei problemi di salute, i limiti che i medici mi avevano imposto per non aggravare le mie condizioni di salute. Riferii dei miei anni di operaio, di tecnico, di commerciante in quella Nazione che avevo rispettato e onorato come la mia Patria natia.

Caddi in uno stato di prostrazione e scoppiai in lacrime. Ero angosciato e forse quei sentimenti li stavo provando per la prima volta nella mia vita. Ripetei ancora alcuni aspetti che mi avevano portato in quello stato e spiegai il momento di rabbia avuto con l'ufficiale che era venuto a casa, ricordai com'ero stato sino a quel momento e nei momenti economici peggiori un contribuente modello per la nazione britannica. Continuai, li feci pensare su una cosa molto semplice. Quella cioè che se avessi voluto fare il furbo lo avrei fatto con il finto fallimento, ma proprio perché ero rispettoso delle leggi e onesto come mio padre mi aveva insegnato a essere, mi ritrovavo in quella situazione di difficoltà finanziaria.

Ed è per quei motivi che andavo spiegando che avrei desiderato dalla corte un gesto di comprensione. Ero esausto, mi si bloccò la voce e un nodo mi strinse la gola, scoppiai a piangere nuovamente come un bambino. Mi offrirono un bicchiere d'acqua, provarono a tranquillizzarmi. Continuò il mio ragioniere, mentre io mi accomodavo fuori per riprendermi dallo shock che stavo subendo.

Il ragioniere stette ancora dentro per circa una mezzora. Poi lo vidi spuntare fuori in strada. Mi disse:<<Mi hai fatto ridere in vacanza e in corte hai fatto commuovere i giudici, hai fatto commuovere pure me!...Ora sono in consiglio per deliberare sulla tua posizione, devi avere fiducia!...Sei stato comunque straordinario!>>. Mi salutò dicendomi che non gli dovevo nulla. Mi diede la mano, ricordandomi di invitarlo se avessi aperto un altro ristorante.

Ci fu una transazione con la corte, ci accordammo su una via di mezzo che non penalizzava nessuno. Anche questa triste storia era stata vissuta e superata con successo. Decisi di sbarazzarmi di tutto! Cancellai con un colpo di spugna ventisei anni della mia vita commerciale, volevo ridare serenità a me e alla mia famiglia.


FINE IV CAPITOLO

# CAPITOLO QUINTO

## La mia prima casa a Torino

Dopo aver venduto il mio ristorante in Inghilterra, andammo tutta la famiglia a Torino, volevamo distrarci qualche giorno per riprenderci da tutte le vicissitudini. Ci recammo da mio fratello Bernardo, ormai imprenditore antiquario con la sua attività internazionale e con un emporio di mobili antichi con sede nei pressi di Torino. Durante il soggiorno, passeggiando per il paese dove abitava mio fratello, m'imbattei in una casa da vendere, nel centro del paese, con un grande giardino e una casa vecchia. Era proprio quello che cercavo e volevo. Nel cartello c'era scritto: <<si vende>>. Mi annotai il numero telefonico per telefonare, ma ricevetti una spiacevole risposta: <<la casa è già stata venduta, ci dispiace!>>. Tornando a casa con mio fratello pensavo ad alta voce: <<Non ti sembra curioso? Il cartello esposto ancora e poi ti dicono che la casa è venduta!>>. Mio fratello mi disse di non pensarci più, ne avremmo trovata un'altra. Ma quella mi era proprio piaciuta, la vedevo adatta al mio scopo. Pensai allora di fare un tentativo, la proprietaria non mi conosceva. Ma ancora mio fratello mi suggeriva di tranquillizzarmi, ne avrei trovate altre. La mia mente rumoreggiava, mi si era fissata nel pensiero quella casa. Allora mi decisi, andai dal fornaio di fronte per chiedere informazioni, lui saprà chi doveva essere la proprietaria, pensai. Nel pomeriggio entrai nella panetteria, salutò subito mio fratello che ovviamente era conosciuto da anni. Mi presentò e le disse che vivevo a Londra. Domandai io se poteva aiutarci con delle informazioni circa quella casa. Ci rispose volentieri, ci disse che non abitava più li, ma a Torino da tanto tempo. Vorrei comprarla le dissi, chiedendole, anche se aveva qualche informazione in più che poteva orientarmi sul prezzo e così via. Scoprii che erano anni che aveva il cartello esposto, ma nessuno era riuscito a comprarla. Mi diede un numero telefonico diverso da quello stampigliato sul cartello, "vendesi". La ringraziai molto e ci salutammo con un arrivederci. Telefonai poco dopo rientrati a casa, mi rispose una voce di donna e a lei rivolsi la mia richiesta. Le dissi che ero interessato a comprare la sua casa in contanti, avevo bisogno di conoscere il prezzo e di vederla, avrei concluso l'affare al più presto perché dovevo rientrare a Londra. Le diedi il numero di casa di mio fratello e prima di riagganciare mi rispose che conosceva bene il Sig. Montalbano, l'Antiquario di None. Mi disse infine che per la casa dovevo mettermi in contatto con il suo procuratore. Io insistetti, avevo fretta e la pregai che se avesse avuto intenzione di vendere doveva darmi una risposta nella giornata. Ne avevo viste delle altre, aggiunsi, quindi dovevo decidermi su cosa indirizzarmi in base ai prezzi che mi erano richiesti. Sì, si! Mi disse, ho intenzione di vendere. Ci accordammo di risentirci più tardi dentro un'ora circa. Arrivò la sua chiamata e la richiesta erano centoventimilioni di lire. Ma dovevo negoziare il tutto con il suo procuratore. Le dissi che se si finiva tutto entro la serata avrei accettato.

Mi richiamò di nuovo per la conferma e per fissare l'appuntamento con il suo procuratore, cioè l'uomo che mi disse che la casa era già venduta. C'era qualcosa in quell'uomo che non mi piaceva per niente. Era seppur una sensazione, già avevo qualcosa, non piacevole da dirle, per questo furbetto.

Alle otto in punto Andammo da questo signore la segretaria ci fa entrare ci porta nel suo officio. Ci presenta, sono i sigg. Montalbano cosa da tenere presente. Ci presentammo comunque da lui. E alla vista, rimasi di gesso, dissi a mio fratello se vedeva quello che stavo vedendo io. Intuii che mio fratello stava pensando la mia stessa cosa. Anche lui ci guardò in modo curioso e con stupore. Per qualche istante nessuno parlò, ma per la testa mi passavano tante cose e allora ruppi io il silenzio. Lei sa perché siamo qui? Gli dissi. Mi scusi, ma siamo rimasti con mio fratello un po' storditi nel vedere in lei una perfetta somiglianza con nostro padre! Poteva sembrare uno scherzo se non avessimo avuto la certezza che nostro padre ci ha lasciato da moltissimi anni. In tutti i modi quell'uomo era la fotografia di nostro padre, altezza, faccia, capelli e perfino il neo vicino al naso. Siamo rimasti scioccati sul serio. Gli chiesi se potevamo fare tutto al più presto per andarmene al più presto. Lui rispose certo! Farò di tutto per accontentarvi. Anch'io, disse, sono rimasto veramente scioccato dal modo di come mi osservavate, non capivo che cosa avevo fatto, cosa avevate nella testa, insomma mi ero preoccupato molto, aggiunse. Ci fece accomodare con garbo e ci fece firmare una copia dell'atto richiedendo un acconto pari al 25% del valore della casa. Il resto avremmo dovuto versarlo a fine atto, al momento della registrazione notarile. Uscimmo come due mummie, avevamo visto il sosia di nostro padre!

Avevo in poche ore comprato una casa, già venduta per finzione, così si poteva dire ai proprietari che nessuno la cercava e quindi il prezzo ribassando sempre più era stabilito dal procuratore! La fretta nel comprarla non si rifletteva nel decidermi a destinarla a qualcosa. Per tre o quattro anni, infatti, lasciai tutto com'era. Dovevo prima risolvere il problema con il fisco inglese. Iniziai, però, a progettare per costruire un negozio con un appartamento al disopra. Nel mentre pensavo cosa realmente costruire, le poste italiane mi contattarono per chiedermi se fossi interessato a cedere i locali in costruzione. Non mi lasciai perdere l'occasione, adeguammo i locali ad ufficio postale. Ero orgoglioso, stavo costruendo la nuova posta del paese. Sopra l'ufficio realizzai un appartamento.

Dopo dieci anni mi si ripresento un'analoga occasione, avevo acquistato, infatti, un terreno e costruii una nuova casa con due garage. Al piano terreno un negozio, sopra un alloggio e ancora più su una mansarda. Avevo raggiunto il mio obiettivo, mi ero assicurato per me e la mia famiglia una discreta pensione per la vecchiaia che stiamo vivendo.

Tornai in England dopo alcune settimane, l'ambiente piemontese non piaceva a Lisa, forse preferiva la Sicilia, lì poteva parlare con le persone del suo paese natio. Tornavo in Inghilterra per affrontare definitivamente l'Ufficio delle Tasse britannico, mi avevano spremuto fino all'ultima goccia al punto che uscii dal mio corpo! Tornai a passare brutti momenti, ebbi un paio di crisi nervose, ero scoraggiato, era la seconda volta che mi affliggevo nella mia vita e sempre per lo stesso motivo: le tasse! Alla fine ho sopravvissuto a quel film che recitai nuovamente sul set della corte londinese, ero io contro lo stato inglese che mi portò tre volte davanti all'alta corte di Londra. Davanti, avevo tre uomini in parrucca che volevano la mia pelle! Non cambiavano mai quelli! Ancora dopo secoli continuavano a portare il tradizionale travestimento anglosassone. A vederli mi facevano tremare le gambe, non avevo avvocato. Non so come me la cavai, ma ci riuscii per l'infinita volta. Forse si commossero, forse videro la mia buona fede, forse pensarono o vivo o morto e scelsero vivo! La meraviglia fu che loro stessi mi diedero coraggio e conforto. Mi consigliarono di farmi assistere. Uno dei tre era però velenoso. Raccontai ancora una volta la mia storia, fatta di avventura, desolazione, gioie, tristezze, sacrifici, soddisfazioni. Che cosa avvenne in quella causa contro lo Stato inglese l'ho raccontato nelle pagine precedenti. Il ricordo di quella disavventura resta comunque vivo dentro la mia mente. Voglio tornare alla mia storia più recente per ricordare invece del mio nuovo obiettivo che raggiunsi durante una vacanza estiva in Sicilia, la nostra arida, colorita, devota terra natia.

La casa in Sicilia

Pochi anni orsono trascorsi con la mia famiglia una vacanza estiva in Sicilia. Moglie, figlie, figli e parenti mi ripetevano che sarebbe stato bello potere avere una casa tutta nostra in quell'isola azzurra. Erano diventati insistenti, però. Quel loro desiderio, di

possedere una casa a mare, lo riempirono cosi bene che non mi davano pace, tutti i giorni mi martellavano per comprarne una. Io, in verità, da quando lasciai la Sicilia non ho mai trovato alcun entusiasmo a ritornare in quella terra di trinacria. La Sicilia era bella, ma tanta gente è rimasta come la ricordo da ragazzo, la loro mentalità non aveva seguito alcun progresso, non cambiano mai impostazione mentale, ed erano fieri addirittura di questo. Quasi lieti della loro ignoranza mediterranea, fatta di lusso sulle cose acquistate avidamente per apparire e di povertà culturale. In quell'isola gran parte della popolazione viveva ancora con la mente dormiente.

Una mattina, durante quella vacanza siciliana, alcuni amici e parenti ci portarono al mare, insistevano gentilmente, ma insistevano che andassimo con loro. Scoprii dopo che era solo una scusa per convincermi a comprare una casa al mare. Comunque, arrivammo alla spiaggia, eravamo quasi pronti per fare un bel bagno che arrivò un'automobile piena di conoscenti dei miei cugini. Ci presentarono a loro, ma subito dopo uno di questi rivolgendosi a me disse se eravamo noi che cercavamo una casa vicino al mare per le vacanze estive. Entusiasta continuò nel dirmi che c'era disponibile una graziosa casetta a buon prezzo e che ci avrebbe accompagnato se avessimo voluto vederla. Io risposi, ringraziando, che in quel periodo non ero interessato, vivevo a Londra e aggiunsi che ero lì per un'occasionale vacanza estiva. Insistette ancora e comunque, m'invito ad andarla a vedere, un'occhiata non sarebbe costata nulla! Volevo farmi un bagno rigenerante in quello splendido e profondo mare. Il tipo non mollava, stava diventando insopportabile. Non feci in tempo a ripetergli che in quel momento preferivo tuffarmi in mare che parenti, amici e anche chi non aveva titolo mi spinsero a fare quello che non volevo fare. Non c'era rimedio, dovevo vedere quella casa per togliermeli di torno, tutti quanti! <<Ma c'è tempo!.fai dopo il bagno,…,per questo hai tutto il tempo che vuoi,…,dai vedrai che è un vero affare,…,appena la vedrai dirai che avevamo ragione!>>.

Che cosa feci? Beh, non c'erano scelte, andammo tutti, ma proprio tutti a vederla. Appena arrivati, mi accorsi che oltre a quelli che erano partiti con me dalla spiaggia, c'era un folto gruppo di altre persone che sostavano vicino la casa. Era come se fossero lì ad aspettarci. Così fu, infatti, ci ospitarono con tanta cordialità, ci fecero sedere, e incominciarono a offrirci da bere. Fu servito di tutto! Dalla birra al vino, dalle aranciate al caffè, dal tè alle orzate. Era come una festa, era tutto preparato? Immaginai di sì, forse solo io non sapevo della combinata! Arrivò il proprietario, incominciò a decantarmi quella villetta e la zona circostante, mi diceva che quella era stata una cosa antica, ecc., ecc. In dialetto siciliano mi disse: <<vinissi, vinissi signor Totò!>>. Totò era il mio short name! E di nuovo: <<vinissi signor Totò, li facciu vidiri la casa, vidi di quantu e bedda!>>. Smontai subito quella lusinga teatrale da commedia greca, gli dissi se stava facendo il turco a non capire o se stava giocando con me. Gli ricordai che non avevo bisogno di comprare casa, tanto meno di vederne una. Mi assicuravo se stava capendo, se ci faceva o c'era! Il personaggio era simpaticamente testardo come un mulo, continuò, infatti, a insistere: <<Ma dai, la vede un momento e finisce tutto, un ci custa nenti, sulu pi curiosità>>. Lo guardai, volevo mandarlo tra le stelle del firmamento. Ma i parenti,..., tutti,..., ci si rimisero a tutta forza: <<Andiamo, vediamola un momento, su!>>. Lottavo contro cento draghi, avevo tutti contro, ero solo, contro un drago a cento teste. Eh! Tutti andammo a federe quella casa.

Mi piaceva! Stranamente mi era piaciuta subito, ma non osavo ammetterlo. Era una casa grandissima, stanze con alti soffitti, almeno rispetto a quelle inglesi, c'erano sei stanze, due cucine e due bagni, un salone. Era adatta a noi, c'era spazio anche per due famiglie, un piccolo giardino circondava la casa e non mancava il posteggio per l'auto. Era tutta recintata. Non avevo nessuna intenzione, però, di comprarla. Era una casa in Sicilia, dove io arrivavo occasionalmente e raramente. Stavano perdendo il loro tempo con tutte quelle insistenze. Per togliermi dai piedi tutte quelle insistenze m'inventai che la casa era si bella ma piccola per me e che non avevo denaro a sufficienza per acquistarla, che ero venuto eccezionalmente in quel posto e che volevo finalmente andare al mare a godermi quell'acqua di colore blu. Guardai mia moglie che si girò dall'altra parte, mi disse che non voleva venire al mare con un secco no.

Stavano per portarci la pizza appena sfornata e che da lì a poco ci saremmo dovuti mettere a tavola. Rinunciai al mare, mi decisi di entrare nel clima festivo che si era creato per noi, alla fine ci stavano festeggiando per la nostra presenza. L'incaricato alla vendita che mi aveva tediato a lungo si sedette accanto a me. Era un delirio. Mi disse ancora che se per me la casa era piccola poteva offrirmene un'altra più grande! Stava per essere finita di costruire, infatti, un'altra casa lì vicino che era di proprietà di sua figlia che si trovava in Francia. Continuai con tutta la mia santa pazienza a convincerlo che non avevo nessuna intenzione di comprare casa in quel posto. Sembrava che il timbro della mia voce avesse convinto un po' tutti quanti, quando dissi che non avevo denaro per comprare. Ma le sorprese non finiscono mai nella vita. Così, un amico, di nome Nino, ci conoscemmo proprio quel giorno, anche se i nostri padri erano stati stretti amici, mi disse: <<Caro Totò, amico mio, i soldi te li do io! Tutti quelli che ti servono>>. In quella lunghissima tavola imbandita di tutte le specialità siciliane, scoppiò una risata collettiva. Iniziammo così nell'allegria a mangiare e bere. I miei cugini rilevarono come fosse bravo e generoso Nino, non ci sarebbero stati problemi dunque. Senza scompormi, ma stavo incominciando a dare di testa, ringraziai e aggiunsi che non potevo accettare quell'ammirata generosità. Ci conoscevamo poco, cercai in un modo e un altro di dissuaderlo dall'offerta che mia aveva appena fatto. Si! Disse, i nostri padri erano amici per davvero, al punto che desideravano diventare addirittura parenti. Se io non fossi andato all'estero, disse ad alta voce, probabilmente mi sarei sposato sua sorella. Tutti applaudirono, forse incautamente! E si misero a ridere nuovamente. Mia moglie mi guardò storto, non ricordo se mi mormorò qualche cosa! Quella spregiudicatezza di Nino colpì nel segno. Non so se fu l'euforia del momento, il bicchiere di vino che avevo appena bevuto alla salute di tutti, ma, rivolgendomi a lui dissi: <<Nino! Per il bene dei nostri padri, perché Tu mi piaci, vediamo di concludere quest'affare!>>. Fu così che predisponemmo tutto quello che era necessario per l'atto di vendita. L'affare si doveva concludere quel giorno stesso però! Tutti quanti, applaudivano a quella decisione e tutti insieme continuammo a mangiare e bere con grande festa di tutti. Finito di pranzare con Nino ci avviammo lungo la strada, dovevamo concludere in modo più vantaggioso quell'affare. Dovevamo però fare in fretta perché la richiesta era stata molto contenuta e non volevamo che se ne pentissero subito dopo. Nino mi diede un assegno che copriva l'anticipo che dovevamo versare al notaio al quale avevamo telefonato per un appuntamento dopo l'accordo con i proprietari. Brindammo con buono spumante alla riuscita dell'acquisto. Ci fecero gli auguri e ci fecero stringere le mani. Tutto si svolse senza dire una parola, via in macchina dal notaio per firmare il compromesso. A Natale avremmo stipulato l'atto dopo le verifiche per capire se su quella casa ci fossero registrate ipoteche e sanate le irregolarità edilizie. Mi sembrava di esser al cinema mentre stavo vedendo, un film. Non riuscivo a dire una parola e non me la lasciavano dire. Mia moglie con un sorriso di dolcezza mi guardava contenta e il suo sguardo acceso dai suoi occhi grandi mi confessava che quella volta aveva vinto lei. Si raccomandò ancora che non parlassi, che avrebbero fatto tutto loro, e mi fece venire il sorriso, le dissi: <<sempre la stessa testarda! Sì, hai vinto!>> La baciai.

Quel giorno, il mare fece a meno di noi, ce ne ritornammo al paese, e per sera ci recammo in un ristorante per festeggiare intimamente. Passeggiando pensavo alla singolarità di quello che era successo quello stesso giorno. A chi capitava, in un pomeriggio, mentre sei diretto al mare, di comprare due villette, senza anticipare nulla! Mi rendevo conto che avevo fatto una cosa difficile, ma che non fu impossibile fare. Sentivo sussurrarmi alle orecchie le parole di mio papà. Ma in quel caso io non avevo alcuna volontà, alcuna determinazione a fare quel passo. Allora pensai che non tutto accade sempre perché si vuole. Spesso o qualche volta, questo non ha importanza, accadono delle cose o fai delle cose che non ti sogni minimamente di fare o di voler fare, ma accadono e ti ci trovi in mezzo, allora ritorna la decisione nelle tue mani, decidi di farle o di non farle. Quella volta io avevo deciso di farle. La vita è un po' volontà e un po' destino!

A Natale andai a firmare l'atto di acquisto, ma per dodici lunghi anni non mi recai in Sicilia. A godersi quella villetta erano i miei cugini che provvedevano ad arieggiarla, mentre io pagavo le spese correnti.

Appena mi misi pensione, incominciammo a frequentare la Sicilia tutti gli anni. Non mi trovavo mai bene. Preferivo andare in altri posti, mai visti, che ci facevano divertire, costava tutto di meno e ritornavamo riposati e tranquilli. Invece quando trascorrevo le vacanze in Sicilia, ci voleva un periodo di tranquillità per la stanchezza accumulata, non so perché o forse lo so, si tornava avviliti e ci accorgevamo di spendere molto di più.

Il tempo della pensione era arrivato e sta di fatto che avevo molto tempo per pensare. Mi succedeva spesso e oggi ancora di più. Mi siedo e inizio a pensare, a vagare con la mente lungo i miei ricordi, il mio passato, la mia esperienza di vita. Ricordo che mentre lavoravo al progetto della casa dove oggi abito, avevo da poco smesso con il commercio di gelati e nel cortile dove erano parcheggiati i furgoni, rimase molto spazio tutto vuoto. Nella mia mente se non vendevo il ristorante, il progetto era di realizzare in quello spazio un grande locale per matrimoni. Ma la Lady di ferro me lo fece fallire. Ma non voglio qui ripetere situazioni spiacevoli alla mia memoria. Ricordo solo che tutto cambiò nella mia mente, non volevo più dedicarmi a imprese complicate, stancanti. Volevo riprendere il lavoro di tecnico elettronico. Quando facevo quel mestiere, mi sentivo felice, guadagnavo bene e non avevo problemi difficili da risolvere nella mia testa. Incappai in un cretino di architetto che doveva progettare la mia casa, non facevo altro che buttare le bozze che aveva preparato per ricominciarne delle altre che poi buttava ugualmente, ignorava i miei schemi e i miei schizzi, voleva usare solo la sua misera logica, non aveva esperienza, e tutte le volte che mi presentava una proposta in Comune gli veniva bocciata. Un giorno mi fece rivoltare il cervello, mi fece proprio incazzare. Allora lo liquidai senza pensarci due volte, mi era costato circa seicento sterline quel contrattempo, dovuto semplicemente alla sua nascosta

ignoranza, alla sua mente dormiente! Non c'era nulla di corretto nei suoi disegni, dovetti rifare tutto da capo. Cercai di recuperare il possibile, soprattutto il tempo perduto. Disegnai il progetto a modo mio e lo presentai in Comune. Ebbi il permesso per costruire. Naturalmente dovetti ripresentare tutti i disegni perché dovevano essere firmati da un professionista abilitato, ma l'importante che avevo trovato le giuste soluzioni. Non mi davo però pace che nonostante sapessi fare le cose non riuscivo a rappresentarle com'era previsto con i disegni edili. Fu così che tutti i fine settimana, facevo le mie piante, mi esercitavo continuamente, come se ero un vero architetto, ci riuscii, le feci firmare al professionista e mi furono accettate. Avevo ancora due problemi da risolvere, dovevo costruire tre garage e tre piani della casa. Per i garage fu un'impresa impossibile, ma si fa per dire perché ci riuscii. Poi toccò alla realizzazione dei piani della casa. Dovevo per prima cosa realizzare il pianterreno per poi proseguire più in alto. Ci voleva la mano di mio padre. Il suo coraggio e il suo conforto l'avevo già con il suo sacro motto! Misi in moto il cervello, dovevo risolvere il problema del tetto spiovente verso la casa del vicino, e dovevo risolvere un altro problema che era quello di costruire il tetto della mansarda senza toccare il tetto della casa. Feci tutti i calcoli possibili e immaginabili, studiai diverse soluzioni, senza escluderne nessuna, in ognuna di esse poteva esserci la soluzione inaspettata. Se avessi costruito la nuova casa più indietro dalla vecchia, un metro e mezzo più lontano dalla strada, si sarebbe recuperata l'altezza che mancava, ci sarebbe stato lo spazio per parcheggiare l'auto. Ma dovetti tenermi un po' più basso perché cosi, avrei evitato polemiche con i vicini senza rischiare l'accertamento del Comune. L'importante era stare sotto i limiti concessi.

Presentai tutte le mie piante insieme con quella del tetto che feci fare al professionista per l'approvazione. Pensavo a quanto tempo avevo perso con quel incompetente di architetto; in alcuni mesi ero riuscito a rimpiazzarlo, risparmiando pure.

Una settimana dopo mi telefonò dall'ufficio urbanistico un funzionario che conoscevo da qualche tempo. Mi disse di presentarmi perché c'era qualche problema per il tetto. Mi contestarono che non poteva essere approvato il progetto con tre piani e il tetto pensato in quel modo. Cercarono di aiutarmi, occorreva trovare una soluzione, ma non fu facile. Ero rimasto alcuni minuti da solo e continuando a fissare le mie piante mi accorsi che erano pulitissimi i fogli utilizzati. Capii che quelli non potevano essere i miei fogli sui quali avevo disegnato la mia soluzione. A un'attenta visione trovai l'errore che avevo eliminato già quando liquidai l'architetto, allora chiamai subito i tecnici e feci notare loro la questione. Avevo per la fretta preso le planimetrie dell'architetto e non le mie. Mi scusai per il contrattempo, scusatemi, dissi, Vi ho consegnato le planimetrie sbagliate. Datemi alcuni giorni e risolverò l'equivoco. Mi raccomandarono però di portarle senza macchie e sbavature di ogni genere. L'Inghilterra era tutto un altro paese, se riuscivi a gestire tutto da te, non avevi bisogno di rivolgerti ai professionisti di ogni genere, purtroppo in Italia è così da secoli. Non ti permettono di muoverti autonomamente, anche se sei in grado di farlo. Ci vuole il commercialista, il notaio, le agenzie di pratiche auto, le agenzie per la richiesta di documenti, insomma senza stampelle a pagamento ben poco è realizzabile in Italia con la tua semplice azione. La nazione britannica da questo punto di vista era veramente una free County, un paese libero. E' semplice, puoi fare tutto da te, purché resti dentro le regole della legge.

Un mese dopo mi concessero il permesso per costruire! Ora potevo fabbricare la mia casa, avevo tre anni di tempo per farlo, pena la ripresentazione di tutti i documenti. Incominciai a cercare i fondi Dopo il capodanno incominciai a fabbricare la casa dei miei sogni. Ogni uno di noi sogna sempre di possedere una casa dei suoi sogni, per me questa circostanza si è avverata, avevo tutto ciò che occorreva, ora avevo il tempo, riunii tutte le mie risorse e vidi però che non ce la potevo fare con i soldi. Ma ne avevo abbastanza da iniziare, stipulai un contratto con gli scavatori, potevo realizzare le fondamenta e la piattaforma di calcestruzzo che costituiva la base del fabbricato con tutte i tubi delle fognature. Sarebbero seguite tutte le opere d'isolamento, di coibentazione dei muri di cinta. Come sempre ricevevo l'aiuto dei gemelli che s'improvvisavano come muratori dopo aver frequentato la scuola. Insieme con un muratore iniziai ad alzare i muri esterni e interni. Senza perderci di animo, dopo alcune settimane arrivammo alle gettate dei piani. Riuscii a pagare tutto, restava ancora da realizzare l'ultimo piano. Ci furono momenti difficili, dovetti interrompere alcune volte, ma riuscii a riprendere le cose sospese, non senza comunque alcuni momenti di tensione e tentazione di mollare tutto. Decisi di fermarci a riposare per qualche periodo, c'erano troppe questioni in sospeso e la cura era di farle decantare.

Ritornammo a Torino, da mio fratello, poi ci spostammo a Roma presso dei cugini. Lì ci raggiunse mia moglie e insieme ci dirigemmo in Sicilia per soggiornare ancora un paio di settimane. Tutto il mese di agosto fu trascorso da veri turisti, ci divertimmo, soprattutto ci distraemmo, tutta la famiglia ne aveva bisogno. Rino, il gemello, attraversò il suo sviluppo adolescenziale, ci stupì tutti, in poco tempo divenne più alto di me.

Tornando in Inghilterra si ripresentava il problema principale, trovare i fondi per ultimare la casa. Dovevo trovare una soluzione che non poteva essere di certo vendere gli altri immobili. Conoscevo un manager di banca che si era appena ritirato in pensione. Era un vero strozzino, mi chiese un'alta percentuale per un prestito che osai chiedergli. Non avevo altra via però, accettai quella forma di taccheggio. Pagai addirittura una sorta di premio iniziale che non era stato pattuito, ma rischiavo di perdere il prestito se non avessi accettato. Con il denaro comunque riuscì a completare il tetto e i pavimenti di legno. Potevo finire la casa verso Natale. Mancavano dieci giorni a Natale, avevamo dato l'anima, ciascuno a suo modo, ma tutti ci misero il proprio impegno. Erano circa le otto quella sera, a cena dissi a tutti che l'indomani ci saremmo trasferiti nella nuova. Qualcuno propose di farlo l'anno successivo, ma io fui irremovibile. Iniziai proprio dopo cena a fare piccoli traslochi, da una casa all'altra sino a tarda sera. Quella sera dormii nella nuova casa e con sorpresa mi vidi arrivare anche i miei figli e mia moglie. Era curioso il destino a volte, nel 1959 quando mi sposai, non avevamo, dove dormire, ora non c'era che l'imbarazzo della scelta. Volevo inaugurare con un brindisi la nuova abitazione, lo feci con una bottiglia di spumante e così trascorse un anno intero. Da quel giorno abito ancora in quella casa, dalla zona garage era fiorita una confortevole casa. Ma, a proposito di garage, vorrei raccontare un evento in poche parole. Il comune richiedeva la costruzione di garage quando si realizzavano degli appartamenti, era la legge inglese. Non riuscendo a realizzarli mi ero messo in una situazione non conforme al regolamento comunale. In quella casa abitavo già da due anni e mi arrivò l'intimazione a riportare la casa nello stato precedente in cui si trovava. Ne nacque un conflitto, iniziava ancora una volta una lite con l'Istituzione locale. Doveva ritornava tutto come prima, o avrei eseguito io i lavori o il Comune avrebbe rimediato mie spese. Non mi restava altro che appellarmi alla corte, ma i costi erano proibitivi. Consultai un avvocato, specializzato per questi appelli, ci eravamo accordati per telefono sul da farsi. Finito con lui, mi recai con Rino in un'asta all'incanto di automobili a Birmingham. Incontrammo l'avvocato e ci spiegammo ancora una volta. Avrei preparato il ricorso da me da presentare al Comune per la nota vicenda.

Passarono alcune settimane e il Comune mi scrisse che il mio appello era stato accolto. Potevo tenere il mio garage.

Oggi, mentre scrivo, tutto si è normalizzato, le case sono diventate di nostra proprietà. L'attività di questi nostri giorni ci vede viaggiare spesso, una passione che prima non ci potevamo permettere. In genere organizziamo due o tre

viaggi nel mondo. E ogni estate trascorriamo qualche settimana in Sicilia nella nostra villa. Grazie all'acquisto di quella villa riuscii a vedere per la prima volta da siciliano, la Sicilia, nella sua bellezza primaverile, mai vista prima, così bella e profumata, verdeggiante, un incanto mai ammirato. Sembrava un sogno, dopo tutte le vicissitudini della mia vita, iniziate per destino proprio da quella terra. Le piante, gli aranci, i fiori di Zagara. Mi sentivo in paradiso, un'esperienza mai cosi viva e reale. Era tutto lì, a mia disposizione. I fiori, il loro profumo, i colori, tutto appariva come in un paradiso terrestre, purtroppo però spesso martoriata, immeritata da molti, indegna per le mele marce che abitavano, si nascondevano in quella perla del mediterraneo. Per quella villa ho sacrificato ancora un pezzo della mia vita, ma soprattutto rischiai di morire proprio mentre la ristrutturavo. Fu un miracolo ancora una volta, la mia salvezza. Considero ancora oggi una fortuna essere

riuscito a emigrare, da cinquant'anni vivo in GB. In Italia ho realizzato alcuni immobili, alcuni messi a reddito in affitto altri da utilizzare per le vacanze.

Conservo la soddisfazione di aver dato un immobile per il servizio postale, molto importante in un piccolo paesino. Posso comunque considerarmi soddisfatto e un po' fortunato anche se merita. Ma dice un vecchio proverbio che dice: <<Chi non risica non rosica>>. Nessuna cosa viene dal cielo, su le tue braccia. Occorre cercare, occorre intuire il proprio cammino, occorre andare incontro al proprio destino, forse aiutarlo un po', anche. Allora bisogna dire che se ci si mette l'anima nelle cose, il tuo sogno arriva. Io non sono un'eccezione a queste regole, partii da emigrante come migliaia, avevo la valigia di cartone come tutti, come tantissimi. Non so se è stata una fortuna, forse lo è anche stato, ma io avevo la mente sveglia, non le ho permesso di dormire molto, soprattutto quando non mi dava una risposta. La maggioranza delle persone eredita la mente dormiente dei propri avi, dei propri padri. Molte menti dormono ancora e non conducono da nessuna parte. Il proverbio che dice: <<Chi dorme non prende pesci!>> è un esempio di quello che voglio dire. Tutti siamo qui in questa terra, ma ognuno sa il proprio cammino, io mi sono messo un po' a nudo in questo mio racconto, in questo mio vagare lungo la mia storia. Ho viaggiato molto, per divertimento, per curiosità. Tra questi viaggi ho avuto modo di vedere milioni di persone che non possiedono nulla, ho visitato luoghi pieni solo di miseria, dove appena le persone ti vedono ti stendono la mano. E c'è davvero disperazione, in loro, aspettano solo aiuto, solo quello che puoi regalare.

Ho cercato nella mia vita di dare, a volte in modo bruto, ma la mia volontà non si è mai spostata dalla necessità di crescere io nell'intelletto per dare agli altri, per aiutare. Forse parlo al muro a volte perché vedo che le mie parole vanno al vento. Ho subito nove interventi chirurgici nella mia vita, mentre scrivo, ho la meravigliosa età di settantotto anni, ma ciò non toglie di sentirmi giovane, energetico, attivo in tutto, mi piace ballare, soprattutto la rumba e il *ciacciaccià*.

Oggi scopro che devo usare la testa, devo farla lavorare e non farla dormire. Questo porta la vita dentro di te in qualsiasi età ti trovi. Non ci sono miracoli, anzi se ci sono miracoli, quelli sono dentro di te.

Ora mi avvio a finire questo mio racconto di vita, augurandomi che le mie pagine non sono state retoriche.

Sofia, il nome deriva dal greco, vuol dire sapienza, conoscenza. Lei fa parte della mia vita. E' un'altra figlia non solo una nipote. E' una splendida creatura, bella, determinata, dimenticata dal padre, insopportabile questo

torto da lei subito, ma forse ha sofferto di meno.
Ho dovuto superare molti ostacoli per portare a conclusione questa mia opera. E' stato difficile scrivere, forse è stata la cosa più complicata per vari motivi.

Non avevo mai scritto utilizzando un computer, non conoscevo la tastiera, la macchina per scrivere era abbastanza diversa. La mia memoria è stata un secondo ostacolo, forse troppo piena di cose che ho sempre voluto dire, ma mai uscite. Appartengo a una generazione, quella dell'era dormiente. Le generazioni di oggi sono molto più sveglie di quelle alle quali io appartengo. La nova generazione nasce con più memoria, maggiori possibilità mentali, vive usando molto di più il cervello.

Poi ho dovuto imparare tutto da solo, ciò mi ha fatto spendere molte più energie e spesso ho dovuto tentennare nel dubbio tra la certezza di aver capito e la paura di non aver compreso bene ciò che assimilava. Ho fatto palazzi da solo e non mi so mai disperato o convulso. Ma scrivere, confesso che a volte è stato più difficile in molti casi. Credo di aver composto dieci edizioni di questa mia storia, tutte cestinate prima di arrivare a quest'ultima.

La mia famiglia

Rino-
Alessia

Daniele

Jane-

<< Alessia & GinLuca

La mia famiglia è la più bella cosa della vita. Essa non si può ne, comprare, ne trovare nel cassetto e tanto meno comprarla. Arriva da sola, un giorno nella tua vita, si presenta davanti a te e non resta che capire cosa fare. La felicità dentro la propria famiglia si realizza con la cooperazione di tutti i suoi membri. Ci vogliono tutti, da solo no si può godere di nulla. Per fare un tango, per cantare, per sorridere. Soli non si può fare nulla di tutto questo. La felicità non è conoscibile se si resta soli. I miei figli, perle

di vita che amo tenere tra le braccia: Dora, Franca, Silvana, Rino&Luisa! Che splendore la vita mi ha riservato. Per ognuno di loro serbo un sentimento particolare. Sentimento, che ho per ogni uno di loro.

Dora, la prima nata, una chioma bruna d'intensa allegria. Generosa, attiva, creativa, amorosa con tutti, lavoratrice e affezionata con tutti, un vulcano amato da tutti i suoi amici. Sofia è il regalo che la vita le ha riservato.

Franca, la seconda nata, la bella della famiglia, solitaria lavoratrice, pretesa da molti principi azzurri che ne azzurri ne, principi si sono rivelati nella realtà, l'attività commerciale è a lei aliena.

Silvana, la magica The future tally! La terza figlia, l'intuizione è la sua dote naturale, giovane sposa, appena diciottenne, mette al mondo due gioielli, Santina e Francesco. Conforta e aiuta i suoi clienti che a lei si rivolgono per capire di più del loro futuro.

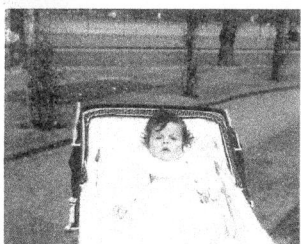

Luisa & Rino, nati per ispirazione di un male alla schiena che colpì la mia mezza età. Luisa esplora prima di Rino la realtà!
Nati con mentalità singolari, non paragonabili a quelle del resto della famiglia. Tutti pazzi per il maschietto, la sorellina compensa con la sua gelosa in tutto. Si ammalano e guariscono e stanno bene assieme!

ABAUT ME

Nessuno e perfetto, tutti abbiamo difetti, più o meno, ma le abbiamo tutti.

Io non sono escluso da questa regola. Ho cercato di dare il meglio della mia capacità morale e finanziaria a tutti, in famiglia. Non ho mai rifiutato aiuto a nessuno. E sono fiero di averlo fatto e lo farei comunque con gioia. Quello che credo è che la vita non è stata molto morbida con me, anche se mia ha riservato privilegi, fortune, gioie, benessere economico. Ma da essa in regalo non ho mai ricevuto nulla. Sembra che in tutte le situazioni dovevo comunque attraversare una fatica per conquistarmi la vittoria. Dalla vita si può dire, dunque, che ho ricevuto tutto, ma niente in regalo. Ho sempre rispettato la regola esistenziale di fare del bene e dimenticare di averlo fatto. Mentre ho sempre tenuto presente il male che qualche volta, anche se involontariamente, ho prodotto.

Ho cercato di essere un buon padre. E ho fatto il mio meglio per esserlo, anche se forse agli occhi degli altri non sempre ci sono riuscito.

La mia indole mi appare buona e gentile, generosa. Si! E' vero spesso vado in collera, ma ciò che vedo ingiusto mi porta a esplodere aggressivamente. Mi piace la pace e mi sento pacifista, anche se può sembrare contradditorio per ciò che ho raccontato. Mi sento anche un creativo, nel produrre valore, nel mettere allegria, mi sento energico e determinato. La mia tolleranza è riconosciuta da me, ma sembra invisibile alle altre persone. Sono un danzatore disordinato.

Termino qui questa mia prima esperienza di narratore, se siete arrivati a leggermi fino in questa riga, vuol dire che siete stati generosi con me e di questo accettate il mio grazie. Se vi avrò lasciato qualcosa di positivo, il mio cuore ne resterà gioioso, diversamente se non sono riuscito a legarmi con Voi attraverso un'emozione durante la lettura di queste mie pagine, accetterò il segno di riflettere meglio sulla mia narrazione. In ogni caso mi sarete stati preziosi per me.

Voglio ringraziare infine, tutti quelli che mi hanno aiutato, nel mio inglese e nel mio modo di esprimermi in italiano. Chiedo ancora umilmente scusa se qualcuno si è sentito offeso da qualche mio riferimento. Di questo resterò veramente rammaricato.

*Salvatore Montalbano, un ottantenne che vi ha parlato con il cuore. Accettate il mio abbraccio.*
Finito di scrivere nell'aprile del 2009

www.ingramcontent.com/pod-product-compliance
Lightning Source LLC
Chambersburg PA
CBHW020158090426
42734CB00008B/867